William Cane

Die Kunst des Küssens

Aus dem Amerikanischen von
Hans-Joachim Maass

Kabel

Titel der amerikanischen Originalausgabe:
The Art of Kissing
St. Martin's Press, New York, 1991

Für Carla Mayer Glasser

Umschlag: Theodor Bayer-Eynck
Gesamtherstellung: Clausen & Bosse, Leck
ISBN 3-8225-0167-0

1 3 5 7 9 10 8 6 4 2

Inhalt

Dritter Teil: Küsse aus aller Welt

Vorwort

Den Anstoß zu diesem Buch gab ein Kuß, ein Kuß zudem, der mich in große Verlegenheit brachte. Ich war gerade dabei, eine bestimmte junge Frau zu küssen, als sie sich plötzlich losriß und mich wegschob. Ihr Mund war vor Überraschung weit aufgerissen, und ihre blauen Augen verrieten, wie schockiert und verärgert sie war. Diese plötzliche Umkehr der Gefühle machte mich betroffen: Noch vor wenigen Augenblicken hatte sie mich leidenschaftlich geküßt.

»Wie kommst du dazu, mich mit offenen Augen zu küssen?« sagte sie vorwurfsvoll.

Ich war völlig verwirrt. Wo steht denn geschrieben, daß man mit geschlossenen Augen küssen muß? Ich fragte sie, aber sie konnte es mir nicht sagen. »Es ist einfach nicht nett, beim Küssen die Augen offenzuhalten«, beharrte sie. Und da sie es nun mal liebte, mit geschlossenen Augen zu küssen, blieb mir keine Wahl. Das war ihre Logik, und von da an hielt ich mich an die von ihr aufgestellten Regeln, da ich es mit ihr natürlich nicht verderben wollte.

Gleichwohl war ich irritiert, denn ich wünschte eine Bestätigung dafür, daß es durchaus in Ordnung ist, mit offenen Augen zu küssen. Leider schwiegen sich sämtliche Bücher, die ich in der Bibliothek zu diesem Thema konsultierte, in diesem und zahlreichen anderen Punkten völlig aus. Das Beste der alten Bücher zum Thema, *The Art of Kissing* von Hugh Morris (1936), ging in verschiedenen Kapiteln zwar auf eine Reihe von Küssen ein, jedoch war die Behandlung des Themas reichlich überholt und bestand oft zudem nur aus einer bloßen Ansammlung von Zitaten klassischer Dichter. Weder Morris noch die anderen Autoren lieferten mehr als vage Beschreibungen der von ihnen erörterten Küsse. Ich gewann den Eindruck, als vermieden sie es absichtlich, auf Details einzugehen.

Der Mangel an klaren Aussagen in diesen Arbeiten verblüffte mich. So machte ich mich daran, die Informationen selbst zusammenzutragen. Den größten Teil der in diesem Buch gesammelten Daten habe ich in einem Zeitraum von sechs Jahren bei

Interviews und durch die erste landesweite Befragung zusammengetragen, die sich ausschließlich der Kunst des Küssens widmet. Insgesamt habe ich mehr als dreihundert Personen befragt, deren Antworten hier in Themenkreisen zusammengefaßt sind, die jeden Aspekt des Küssens berücksichtigen.

Während der Arbeit an diesem Buch entdeckte ich, daß Küssen tatsächlich eine Kunst ist. Obwohl es durchaus möglich ist, diese Kunst auch ohne Lehrbuch zu beherrschen, ist es doch hilfreich, einen Leitfaden zu besitzen, der den Umgang mit den »Waffen des Herzens« erleichtert, wie Ovid sie genannt hat. Für den Jünger der Liebe habe ich hier nun alles zusammengetragen, was ihn aufklären, entzücken und amüsieren kann – die Kunst der Venus, die Pfeile, die ich aus dem Köcher des kleinen Amor gestohlen habe, alles säuberlich aufgeteilt in einzelne Kapitel, garniert mit Hinweisen darauf, was man tun und was man besser lassen sollte, ergänzt durch hilfreiche Hinweise und Kommentare von Menschen, die Ihre Freunde und Nachbarn sein könnten. Denn selbst Menschen, mit denen man vertrauten Umgang pflegt, würden nie auf den Gedanken kommen, Ihnen ihre geheimsten Gedanken über das Küssen anzuvertrauen, aber mir haben sie alles erzählt. Und so werde ich Ihnen ihre geheimen Träume und Sehnsüchte verraten, soweit sie das Küssen betreffen. Die Kapitel des Buches lassen sich in beliebiger Reihenfolge lesen. Der Leser kann sich Notizen machen, bestimmte Stellen des Buches markieren und eigene Ideen und Erfahrungen hinzufügen. Wer verheiratet ist oder in einer festen Beziehung lebt, kann das Buch mit seinem Partner lesen, jedoch auch allein, um dann seinen Partner mit ein paar ausgefallenen Küssen zu überraschen. Wie wär's, wenn Sie pro Woche ein oder zwei neue Varianten probierten? Wer momentan als Single durchs Dasein geht, steht trotzdem nicht auf verlorenem Posten: Das theoretische Rüstzeug läßt sich in der freien Zeit mühelos aneignen, und wenn sich die Gelegenheit bietet, kann man jederzeit zeigen, was man gelernt hat.

Im ersten Teil des Buches wird die Psychologie des Küssens untersucht. Hier geht es um emotionale und sinnliche Erfahrungen und darum, was Männer und Frauen bei Küssen in bestimmten Situationen empfinden. Im zweiten (der Enzyklopädie des Küssens) und dritten Teil (Küsse aus aller Welt) wird in achtundzwanzig Kapiteln beschrieben und erklärt, wie man die vermeintlich vertrauten Klassiker unter den Küssen, aber auch die exotischsten neuen Küsse praktiziert. Im vierten Teil geht es um jeden nur denkbaren Aspekt der Kußtechnik. Hier findet der Leser zusammengefaßt, was es an gängigen Praktiken gibt, sowie exakte Hinwesie darauf, was Männer und Frauen beim Küssen mögen und was ihnen nicht gefällt, was jeden Leser von den Erfahrungen seiner Zeitgenossen profitieren läßt. In diesem Abschnitt geht es beispielsweise darum, ob man die Augen beim Küssen offen lassen soll, wie man auf Partys küßt und wann bei einer Verabredung der Zeitpunkt gekommen ist, mit einem Kuß die Initiative zu ergreifen.

Bei der Arbeit an diesem Buch haben mir mehr Menschen geholfen, als ich an dieser Stelle aufzählen kann. Viele haben mich immer wieder ermutigt, diese wichtige Arbeit zu Ende zu bringen. Mein besonderer Dank gilt all denen, die meinen Fragebogen ausgefüllt haben. Vor allem Susan Batkin, die ausführlich dargelegt hat, was Frauen am Küssen gefällt. Dank schulde ich auch Rhea Becker, Alison Galley, Debbie J. Karpowicz und William McRell, die mir beim Vorlesen früher Manuskript-Fassungen geduldig zugehört haben. Barbara Anderson hat das Manuskript einfühlsam redigiert und viele wertvolle Vorschläge gemacht. Für ihre Hilfe bei der Produktion des Buches danke ich Shirley Brownrigg, David Stanford Burr, Kate Dieterich, Marian Lizzi und Jane Sherrill. Dank schulde ich auch Carla Mayer Glasser, die sich weit stärker engagiert hat, als man es von einer Agentin erwarten kann. Für ihren großzügigen Beistand danke ich auch meinen Kollegen am Boston College, besonders meinen Linguistik-Studenten. Ferner bin ich all denen dankbar, die mir in sonstiger Weise unschätzbare Vorschläge gemacht und mich bei der schwierigen Arbeit an diesem Buch unterstützt haben, darunter Ellen Abdow, Andrew Clark, Paul C. Doherty, Cathy Foley, Mark A. Fischer, Pierce Haley, Heather M. Kelley, Janelle Lawrence, Nina Murphy, Thomas J. Parello, Clara Silverstein, Cyndi Tracy, meinen Eltern, meiner Schwester und meinen Brüdern. Das Kapitel über den europäischen Kuß hätte ich ohne die Sachkenntnis von Felix Pagliuca und Charles Bellone nie schreiben können. *Last not least* danke ich den Bibliothekaren und Bibliothekarinnen der O'Neill Library des Boston College, der Mugar Library der Boston University sowie der Boston Public Library.

Erster Teil

Die Psychologie des Küssens

Was ist das – ein Kuß?

In der westlichen Kultur dürfte es kaum einen Menschen geben, dem das Küssen nicht gefällt, und doch haben es bislang nicht viele Wissenschaftler unternommen, nach den Gründen dafür zu suchen und herauszufinden, was diese Tätigkeit für Menschen anziehend macht. Wenn die Reaktion auf meinen Fragebogen auch nur einigermaßen repräsentativ ist, sind Männer und Frauen nur zu gern bereit, ihre Meinung dazu zu äußern. Ich habe sogar Antwort von Leuten erhalten, denen der Fragebogen gar nicht zugeschickt worden war. Die Leute sprudelten geradezu vor Eifer, sich über dieses Thema zu äußern, als hätte man sie bislang jeder Möglichkeit beraubt, ihre innersten Gedanken und Gefühle über diese intime Liebesbezeugung zu äußern.

Was gefällt Ihnen am Küssen am meisten?

FRAUEN:
»Ich liebe es einfach zu küssen. Es törnt mich mehr an als irgendwas sonst.«

»Es senkt meinen Blutdruck, wärmt mein Gemüt und unterdrückt meinen Appetit auf Süßigkeiten, besonders den auf Schokolade. Ich fühle mich wie berauscht (allerdings nur beim richtigen Mann) und möchte mit dem Küssen gar nicht aufhören. Dabei ist es nicht unbedingt ein Vorspiel zum Sex. Der Kuß stellt eine geistig-seelische Verbindung her, bei dem man den anderen erforschen und sozusagen verschlingen kann. Manchmal fange ich dabei an zu zittern; ich schwitze und lache unkontrolliert.«

»Es ermöglicht einem, einem Menschen nahe zu sein, ohne daß es zu Intimitäten kommen muß.«

»Weil man es so variieren kann – Zungenkuß, normaler Kuß, Kuß in den Mundwinkel, man kann beißen, lecken, saugen, erforschen. Es wird nie langweilig! Und außerdem hat man dabei die Hände frei, um andere Regionen zu erforschen.«

»In sexueller Hinsicht ist ein Kuß ausdrucksvoll... aufregend... und meist der erste Hautkontakt mit dem Menschen, den man küßt. Ein Kuß wärmt an und bringt einen dem anderen Menschen näher. In nicht-sexueller Hinsicht kann man so seine Zuneigung zeigen.«

»Ich mag es, meinem Partner körperlich nahe zu sein... Die Berührung, das Umarmen, Arme, die sich ineinander verschlingen, das bedeutet mir mehr als der Kuß selbst, außer in besonderen Fällen.«

»Bei einem Kuß kann ich meinen Partner erforschen und herausfinden, wie es um ihn und mich bestellt ist – die Sinnlichkeit, das Geben und Nehmen, die langsame Erregung, das plötzliche Überspringen des Funkens. Das Spielerische daran – so daß ein Kuß ein vollständiges Erlebnis für sich und sehr erotisch sein kann.«

»Die Tatsache, daß man sich mit seinem Kuß selbst wirklich ausdrücken kann.«

»Das Gefühl, dabei langsam erregt zu werden! Ein Mann, der wirklich küssen kann, bringt mich unheimlich auf Touren. Ich liebe Männer, die mir die Ohren küssen – eine bei mir stark erogene Zone.«

MÄNNER:

»Ich mag das Orale am Kuß. Ich bin ein oral fixierter Mensch. Ich trinke, rauche, habe oft einen Kaugummi im Mund und kaue an den Fingernägeln.«

»Die körperliche Nähe, die ich dabei spüre. Ein Kuß ist sehr sinnlich. Und außerdem kann man jederzeit und überall küssen. Es ist die schnellste Methode, einer Frau seine Zuneigung zu beweisen.«

»Die Tatsache, daß ich eine Frau in den Armen halte – die körperliche Berührung.«

»Das Gefühl, mit meiner Geliebten eng verbunden zu sein.«

»Die Tatsache, daß Sex und Romantik beim Kuß zusammenkommen. Ein Kuß ist vielseitig, voller Nuancen. Ein Kuß kann viel verraten. Er teilt beiden Partnern wichtige Dinge voneinander mit. Jedenfalls beim Kuß auf die Lippen. Wenn es um andere Küsse geht, dann weniger.«

Gibt es etwas, was Ihnen am Küssen nicht gefällt?

FRAUEN:
»Raucheratem!«

»Ich mag es nicht, jemanden zu küssen, der einen schlechten Atem hat oder beim Küssen sabbert (allzu nasse Küsse).«

»Wenn mich ein Bart kratzt; schlechter Atem; wenn der Kuß nicht variiert wird.«

»Harte, brutale Küsse, von denen man blaue Flecken kriegt, lassen mich blitzschnell erkalten.«

»Grobe Küsse, die mir weh tun, sind schrecklich.«

»Wenn mein Partner nicht sanft oder sinnlich ist: zu tiefe und leidenschaftliche Küsse, bevor ich dazu bereit bin. Wenn ein Mann den Kuß schnell hinter sich bringen will, um gleich zur Sache zu kommen.«

»Mit offenem Mund geküßt zu werden, wenn mir der Mann nur *gefällt*, ich aber nicht mehr für ihn empfinde.«

»Wenn fremde Menschen mich auf den Mund küssen. Wenn mein Schwager mich küßt, streckt er immer gleich die Zunge raus. Alle Frauen in meiner Familie hassen es, von ihm geküßt zu werden.«

»Manchmal passiert es mir, daß ein unsensibler Mann mir eine klebrige Zunge in den Mund steckt, und das empfinde ich als *orale Vergewaltigung*! Solche Kerle, die mit ihrem Mund nicht richtig umgehen können, kann ich nicht leiden, ebensowenig Männer, die beim Küssen nicht leidenschaftlich sind. Ein Mann, der beim Küssen zu sanft ist, kann auch ganz schön irritierend sein.«

MÄNNER:
»Wenn ich dabei Haare oder Kleiderfussel in den Mund kriege.«

»Wenn ich eine Pause machen muß, um zu atmen. Ich leide an Asthma, und da ich durch den Mund atme, kann ich nicht lange küssen.«

»Wenn eine Frau einen schlechten Atem hat (Raucherin!) oder sabbert.«

»Wenn man erkältet ist, macht es keinen Spaß.«

Werden Sie durch bloßes Küssen schon erregt?

FRAUEN:
»Und ob! Ich fühle mich dann leicht, als würde ich auf Wolken schweben. Ich liebe es zu küssen – das bringt den Körper in Schwung.«

»Ganz entschieden. Was soll die Küsserei sonst? (Na schön, ich gebe ja zu, daß man mit einem Kuß nicht immer sexuelle Absichten verfolgt, sondern nur seine Zuneigung zum Ausdruck bringen will, oder wenn man sich entschuldigt, seine Dankbarkeit zeigt oder etwas wiedergutmachen will.)«

»Aber ja! Mein ganzer Mund prickelt, ich werde ganz wirr im Kopf, und das Blut schießt mir heißer durch die Adern.«

»Ja, ja, ja, ja. Ich bin seit eineinhalb Jahren mit einem Jungen zusammen, und dabei kommt es nur zum Küssen und zum Petting. *Wow*, und wie scharf ich dabei werde. Es ist umwerfend. Vor allem seitdem ich weiß, daß es nicht zu mehr kommt, regt es mich auch ganz schön auf.«

»Die Erregung beginnt für mich mit dem Küssen. Na schön, manchmal beginnt es auch schon vorher. Aber erst der Kuß bringt mich richtig in Fahrt.«

»Ja, wenn wir dabei aufrecht stehen und uns eng umschlungen halten.«

»Ja. Wenn die Küsse langsam, sanft und feucht sind und die Lippen gelegentlich Gesicht und Hals berühren.«

MÄNNER:
»Unbedingt ja.«

»Ob ich? Immer.«

»Sehr. Intimer kann man mit einer Frau in der Öffentlichkeit nicht werden, bevor es obszön wird. Und beim Zungenkuß habe ich das Gefühl, als würden wir ineinander aufgehen.«

»Ja. So hat zum Beispiel ein in die Länge gezogener Überraschungskuß in der Küche einmal dazu geführt, daß wir plötzlich im Wohnzimmer auf dem Teppich lagen, dort weiterküßten und schmusten.«

»Ja, aber ich glaube, daß wir beide bereit waren, uns erregen zu lassen, so daß der Kuß nur der Anfang war.«

»Ja, und die Erregung führt manchmal zu einer Erektion.«

»Die Antwort ist ja.«

Was geht Ihnen beim Küssen durch den Kopf?

FRAUEN:
»Meist spüre ich dabei die körperlichen Empfindungen. Im Kopf bewerte ich dabei, ob mein Partner küssen kann, ob er nicht nur nimmt, sondern auch gibt, und wie er reagiert.«

»Was empfindet er dabei? Hat er mich wirklich gern? Mag er es, *wie* ich küsse? Was passiert, wenn wir beide die Kontrolle über uns verlieren?«

»Ich liebe es zu sehen, wie meine Küsse ihn anmachen. Meist kommt er dabei genauso auf Touren wie ich selbst.«

»Es wurde höchste Zeit, daß er mich küßt!«

MÄNNER:
»Ich denke über den Kuß nach: ›Macht es mir Spaß? *Was* ist es, was mir daran gefällt? Wie werde ich ihn erwidern?‹ Wenn der Kuß mir *keinen* Spaß macht, denke ich *darüber* nach.«

»Ich glaube nicht, daß mein Verstand beim Küssen sehr aktiv ist.«

»Warme, zärtliche Gedanken an die Liebe, die ich für meinen Partner empfinde.«

»Ich träume davon, wie sie wohl wäre, wenn wir nackt im Bett lägen. Manchmal frage ich mich, wie es wäre, mit dieser Frau verheiratet zu sein.«

»In diesem Augenblick ist man dabei, sich selbst zu verlieren. Man denkt nicht mehr, sondern ist nur noch da und wird aktiv.«

»Ich freue mich über das aufregende Gefühl!«

»Ich frage mich oft, was als nächstes kommt. Ich denke fast automatisch an Sex und Geschlechtsverkehr.«

»Ich habe ein warmes, entspanntes Gefühl dabei.«

»Ich frage mich, ob ich das Mädchen ins Bett kriege.«

Natürlich wäre es am leichtesten, sich durch direkte Befragung von Menschen ein Bild davon zu verschaffen, wie sie über das Küssen denken, aber für eine wirklich umfassende Analyse müssen wir einen kurzen Abstecher ins Tierreich machen. In der Wissenschaft ist nämlich unumstritten, daß auch Tiere küssen. Als die Anthropologin Jane Goodall im Gombe-Nationalpark von Tansania das Verhalten von Schimpansen studierte, fand sie heraus, daß diese aus zahlreichen verschiedenen Gründen und in einer Reihe verschiedener sozialer Kontexte küssen. Bei manchen Schimpansen ist der Kuß eine Geste der Unterwerfung, manchmal aber auch ein reiner Bgrüßungskuß. Es gibt jedoch auch den romantischen Kuß, etwa wenn einer der Affen eine Beziehung zu beginnen wünscht.

In ihrem Buch *The Chimpanzees of Gombe* gibt es ein wunderbares Foto von zwei Schimpansen, die sich im Dschungel küssen. Das Männchen heißt Humphrey und sitzt mit den Händen auf dem Erdboden da. Der Kopf ist zurückgeneigt und der Mund weit offen, die Augen sind vor Vergnügen geschlossen. Das Weibchen Athena sitzt Humphrey gegenüber und legt ihm die rechte Hand auf den Kopf, wobei sie den Daumen auf seine linke Augenbraue legt. Auch Athena hat den Mund geöffnet, während sie küßt. Jane Goodall berichtet, daß der Kuß länger als dreißig Sekunden dauerte, wobei beide Schimpansen keuchten.

Wenn man einen Vergleich anstellen will, dürften Schimpansen-Küsse menschlichen Küssen am nächsten kommen, aber es gibt noch viele weitere Tierarten, die den Kuß kennen. So küssen etwa Pferde beim Liebeswerben, Hunde beim Spielen und sogar manche Fischarten. Küssende Fische schwimmen manchmal auf diese Weise stundenlang wie festgeklebt herum und zeigen damit eine Ausdauer, die nur wenige Menschen aufbringen könnten. Im gesamten Tierreich ist ein Kuß Ausdruck zärtlicher Gefühle, aber auch starken sexuellen Verlangens. Was jedoch die Empfindungen küssender Fische angeht, bin ich genauso auf Vermutungen angewiesen wie Sie.

Wenn Sie das nächste Mal mit Ihrem Partner oder Ihrer Partnerin zusammen sind, sollten Sie eine Unterhaltung über küssende Tiere beginnen. Wenn Sie den Versuch machen, das Eis zu brechen, sollten Sie küssende Schimpansen oder Fische beschreiben, und ich garantiere, daß es nicht lange dauern wird, bis auch Sie zu küssen beginnen.

Das sinnliche Vergnügen beim Küssen

»Manchmal genieße ich einen Kuß mehr als Geschlechtsverkehr«, erklärte eine sechsunddreißigjährige Frau. »Es geht nichts über zwei Menschen, die sich auf der gleichen Wellenlänge befinden und mit Mund und Zunge auf Erkundungstour gehen.«

»Ein Kuß ist eine Geste der Zuneigung, und die Spontaneität daran gefällt mir besonders«, erklärte eine andere junge Frau. »Es kann manchmal angenehm sein, daß ein Kuß nicht immer zum intimen Beisammensein führt. Leider gibt es viele Menschen, die das nicht verstehen.«

»Manche Männer sind der Meinung, daß Küsse stets zum Geschlechtsverkehr führen sollten, und so lasse ich mich nicht allzusehr auf Küsse ein, wenn ich nicht die Absicht habe, gleich im Bett zu landen.«

»Das Küssen allein kann sehr sinnlich und sexy sein und muß nicht unbedingt ein Teil des Rituals vor dem Sex sein.«

»Küssen ist herrlich. Es ist für mich sehr wichtig und nicht nur ein Einstieg zum Sex.«

»Küssen ist meine (sexuelle) Lieblingsbeschäftigung.«

»Ein Kuß kann wundervoll sein, wenn man ihn nicht allzu ernst nimmt, und wenn doch, ist er der Auftakt zu befriedigenden intimen Beziehungen. Ich möchte gern wissen, mit wem ich es zu tun habe, bevor ich mich entscheide, wie der Kuß sein soll.«

»Es müßte mehr geküßt werden; vielleicht wäre dann die Scheidungsrate niedriger.«

»Wir brauchen mehr Küsse und weniger Kampf; auch mehr Umarmungen.«

Die Ansichten dieser jungen Frauen repräsentieren eine kühne und neuartige Einstellung zu den sinnlichen Aspekten des Küssens. Sie lassen erkennen, daß das Küssen allein oft ein sinnliches Vergnügen für sich sein kann und sollte, daß es um seiner selbst willen genossen werden kann, auch wenn es nicht zum Geschlechtsverkehr kommt. Ein Kuß kann zwei Menschen miteinander auch näher bringen als ********, weil er ein persönlicheres Eingehen auf den Partner erlaubt. Das ist auch der Grund, warum viele Prostituierte es ablehnen, ihre Freier zu küssen. Es macht ihnen nichts aus, stundenlang zu ********, aber Küsse lehnen sie ab, weil sie das Küssen für intimer halten als das ********!

In den letzten Jahren verzeichnen wir ein stark zunehmendes neues Interesse am Küssen, denn eine neue Generation von Liebenden definiert neu, was sie für romantisch hält. Neueste Sex-Umfragen deuten darauf hin, daß Liebende von heute das Küssen für einen der wesentlichsten Aspekte einer Beziehung halten, doch gleichzeitig berichten sowohl Männer wie Frauen in zunehmendem Umfang davon, daß in ihrem Liebesleben nicht genug geküßt wird. So hat eine vor kurzem veröffentlichte Umfrage bei mehr als viertausend Männern gezeigt, daß ihnen das Küssen von allen Formen des Vorspiels das größte Vergnügen bereitet. Etwa gleichzeitig hat eine weitere Studie belegt – der *Hite Report* über die männliche Sexualität –, daß viele Männer in ihren Beziehungen sich mehr Küsse wünschen. Und der *Hite Report* enthüllt ebenso wie die Antworten der Frauen zu Beginn dieses Kapitels, daß viele Frauen beim Küssen ein größeres Vergnügen empfinden als bei jeder anderen Form sexueller Aktivität. Gleichwohl beklagen sie sich oft, daß in ihrem Liebesleben nicht genug geküßt werde. Alle, die es angeht, bitte notieren: Sowohl bei Männern als auch bei Frauen zeigt sich ein zunehmendes Interesse an den nicht-genitalen Aspekten sexueller Intimität; dazu gehört auch das Küssen. Das läßt vermuten, daß der Kuß die vielleicht sinnlichste Form des Liebesspiels ist. Tatsächlich küssen viele Menschen so gern, daß sie zu glauben scheinen, sie stünden mit ihrem unersättlichen Kuß-Drang irgendwie allein. Viele Menschen haben mir anvertraut: »Ich kann mir nicht vorstellen, daß irgend jemand lieber küßt als ich!«

Geben wir doch einfach zu, daß wir gern küssen, um dann

zu etwas Geheimnisvollerem und zugleich Praktischerem zu kommen.

Das Küssen ist normales menschliches Verhalten, aber es steckt doch mehr dahinter, als man auf den ersten Blick vermuten mag. Sie können mir glauben, daß ich auch längst nicht alles wußte, als ich die ersten Fragebögen verschickte. Immer wenn ich eine Antwort im Briefkasten hatte, empfand ich eine unerklärliche Erwartung und große Vorfreude, und ich muß gestehen, daß ich nur selten enttäuscht wurde.

Die folgenden Kapitel enthalten die geheimen, fremdartigen und wunderbaren Kußtechniken von Hunderten von Menschen, die mir anonym ihre höchst privaten Gedanken und Gefühle zu jedem Aspekt heutiger Kußpraktiken anvertraut haben. Studieren Sie die Enzyklopädie des Küssens und die Küsse aus aller Welt, um sich in Standardküssen wie dem Zungenkuß, dem Lippen- oder Halskuß auf den neuesten Stand zu bringen. Sie können mit Hilfe dieser Abschnitte auch die Feinheiten der Küsse vervollkommnen, die Sie bislang nur selten probiert haben; Sie sollten sich dazu anregen lassen, neue Küsse zu probieren, von denen Sie vielleicht noch nie etwas gehört haben, Küsse, die so exotisch und wild sind, daß Sie zögern würden, sie mit einem anderen als Ihrem intimsten Partner zu versuchen.

Zweiter Teil

Die Enzyklopädie des Küssens

Der erste Kuß

Es überrascht nicht, daß sich die meisten Menschen an ihren ersten Kuß erinnern können; ob er nun zehn oder fünfzig Jahre zurückliegt, er scheint einen unauslöschlichen Eindruck hinterlassen zu haben.

Erinnern Sie sich noch an Ihren ersten Kuß?

Ja	90 %
Nein	6 %
Keine Antwort	4 %

Wie war Ihr erster Kuß? Wen haben Sie geküßt? Hat es Ihnen Spaß gemacht? Wie fühlten Sie sich am nächsten Tag?

FRAUEN:

»Meinen ersten Kuß bekam ich von G. in meinem Zimmer. Ich war siebzehn Jahre alt. Wir hörten gerade Musik, und es war der richtige Moment. Wir neigten uns zueinander, und ich wußte, daß wir uns jetzt gleich küssen werden. In meiner Vorfreude schloß ich die Augen und schürzte die Lippen, bereit, mich von ihm küssen zu lassen. Er tat es aber nicht... Er hatte die Lippen nicht geschürzt, sondern den Mund weit *aufgerissen*, so daß ich mit meiner Zunge nicht auf seine Lippen traf, sondern auf seine Mandeln! Als ich plötzlich spürte, wie mein Gesicht von diesem großen, nassen Mund umschlossen wurde (das ist kein Witz, Nase und Kinn waren in seinem Mund verschwunden...), brach ich in hysterisches Gelächter aus. Mein erster Kuß mit G. fing so romantisch an und endete damit, daß ich mich kichernd auf dem Fußboden wälzte!«

»Ich war sechzehn und noch Jungfrau. Ich befand mich auf einer Reise in Irland und besuchte einen Nachtclub. Urplötzlich packte mich ein fremder Mann und küßte mich. Es machte mir

Spaß. Ich war noch nie geküßt worden, so daß ich mich sehr geschmeichelt fühlte; etwas verwirrt war ich auch, denn er verschwand wieder in der Menge. Ich hätte gern mehr über ihn erfahren. Am nächsten Tag hatte ich das Gefühl, als hätte ich eine wichtige Etappe im Leben hinter mich gebracht, wollte aber doch mehr über das Küssen wissen. Ich war sehr streng erzogen worden, so daß es mir unmöglich war, mit Küssen zu experimentieren. Ich stellte mir manchmal vor, einen Mann zu küssen, wobei ich den Daumen und den Zeigefinger als Mund benutzte. In meiner Familie waren Zärtlichkeiten nicht üblich, Küsse schon gar nicht. Nach diesem ersten Kuß wollte ich mehr Erfahrungen sammeln. Dieser Fremde hatte mich auf den Geschmack gebracht.«

»Ich hatte das Gefühl, als würde mein Herz explodieren. Am nächsten Tag schwebte ich wie auf Wolken. Es war auf einer Silvesterparty. Ich war damals vierzehn oder fünfzehn. Er hieß Gary und war ein Schulkamerad in meinem Alter. An diesem Abend trank ich zum ersten Mal in meinem Leben hochprozentigen Alkohol (oder überhaupt Alkohol). Ich ließ es zu, daß er mir unter die Bluse griff und meine Brüste berührte. Wir küßten uns stundenlang auf einer Couch im Haus einer Freundin. Dann fuhr mich mein Freund zu einer Stelle, wo wir sehen konnten, wie die Flugzeuge vom Flughafen starteten. Sie brausten laut donnernd über uns hinweg. Da küßten wir uns weiter. Es ging mir durch bis ins Mark. Ich erinnere mich heute noch an seinen Atem, und gelegentlich rieche ich sogar noch sein Rasierwasser.«

»Ich war sehr aufgeregt und konnte es kaum abwarten, wieder geküßt zu werden. Ich war damals etwa zehn und hatte den Jungen geküßt, der auf der anderen Straßenseite wohnte.«

»Ich war sechzehn. Ich küßte einen Jungen, den ich schon einige Zeit kannte. Es machte mir Spaß. Es passierte gegen Ende des Sommers, als wir zu viert in *seinem* Wagen von einer Tanzveranstaltung zurückfuhren. Er ließ den zweiten Jungen fahren, damit wir hinten sitzen konnten. Er beugte sich plötzlich vor, um dem Fahrer etwas wegen des Wagens zu sagen, und küßte mich dann, als er sich wieder umdrehte. Das machte mich ganz schön an. Ich hatte nämlich schon Angst gehabt, mit meinen süßen Sechzehn noch ungeküßt zu bleiben.«

»Es war berauschend, aufregend und sehr, sehr cool. Ich war dreizehn, er vierzehn – unsere Väter waren alte Freunde. Wir spielten gerade ›Mord im Dunkeln‹ im Schlafzimmer der Eltern meines Vetters im pakistanischen Karatschi. Die Erwachsenen waren draußen und wir drinnen. Er und ich flirteten erst ein wenig, ein wenig spielerisch, tasteten uns vor. Wir waren wirklich keine Kinder mehr, sondern schon Teenager. Er hieß Jani und war ein sanfter Junge (kein Sexprotz), verspielt und, was am wichtigsten war, er war aufmerksam zu mir! Ich glaube, daß er mich zum ersten Mal berührte, als das Licht ausging. Seine Berührung elektrisierte mich. Als das Licht das nächste Mal ausging, kam er auf mich zu, denn er wußte, wo ich saß (ich rührte mich nicht vom Fleck), dann packte er mich einfach und küßte mich. Es war... ein großartiges Gefühl... *einfach schön*. Ich war wie elektrisiert. Hatte plötzlich unheimliche Energie. Sexy! In jenem Sommer spielten wir noch ein paarmal ›Mord im Dunkeln‹. Was für ein Sommer! 1977.«

»Ich war zwölf. Er war vierzehn und spielte mit mir auf der Oberschule in einem Theaterstück. Wir hatten die beiden Hauptrollen und verliebten uns. Vor der Premiere standen wir beide hinter der Bühne. Das Stück war ein Western, in dem ich ein Saloon-Girl spielte, so daß ich mir die Lippen knallrot angemalt hatte. Einer der Jungs, die mit mir flirteten, sagte plötzlich: ›Gnädigste, erlauben Sie mir, diesen Lippenstift abzuwischen‹, und machte dann den Versuch, mich zu küssen. Da trat plötzlich Tom (mein künftiger Freund) dazwischen und sagte: ›Nein, laß mich das machen.‹ Er nahm mich in die Arme, beugte sich nach Hollywood-Manier über mich und gab mir einen ganz langen Zungenkuß. Ich war überwältigt und sehr aufgeregt. Und mit dem Stück ging es großartig! Am nächsten Tag fühlte ich mich schon viel reifer und entschieden glücklich.«

»Ich war dreizehn, als ich meinen ersten Freund küßte, Peter. Ja, es hat mir Spaß gemacht. Ich hatte fast das Gefühl, als würden wir etwas Verbotenes tun. Es war sehr sanft und zart. Einfach großartig.«

»Ich war siebzehn und seit einem Jahr in einen Tankwart in der Nachbarschaft verknallt. Er war fünfundzwanzig oder so und wußte davon, daß ich mich in ihn verguckt hatte. Er wollte kurz darauf umziehen, und an seinem letzten Arbeitstag nahm ich mir insgeheim vor, mich mit ihm zu verabreden. Ich fing ihn nach der Arbeit ab, und nachdem wir eine Weile herumgefahren waren, parkten wir. (In dem einen Jahr, in dem ich ihn kannte, hatten wir uns nie geküßt oder unsere Gefühle zueinander eingestanden.) Wir saßen im Auto und unterhielten uns. Der Wagen hatte Schalensitze, und ich war ziemlich nervös und wagte es nicht, ihn anzusehen. Dann nahm er sanft meine Hand, die auf der Mittelkonsole lag. Mein Herz fing an zu klopfen. Ich wollte ihn küssen, hatte aber keine Lust, den ersten Schritt zu tun. Langsam beugten wir uns zueinander. Als unsere Lippen schließlich aufeinandertrafen, fand der erste Kuß fast in Zeitlupe statt. Dieser Kuß war für mich etwas Besonderes, weil ich so lange auf ihn gewartet hatte (ein ganzes Jahr), seine Sanftheit (er war weder aggressiv, noch bedrängte er mich), die Heimlichkeit und die Tatsache, daß wir uns wirklich zueinander hingezogen fühlten. Wenn ich an diesen Kuß denke, fallen mir auch all diese anderen Dinge wieder ein. Der Kuß ergab sich fast wie von selbst und war so energiegeladen, wie ich es von einem ersten Kuß erwartet hatte.«

MÄNNER:

»Ich war vierzehn und küßte ein Mädchen namens Karen, in das ich mich verguckt hatte. Es war ein tolles Gefühl, obwohl sie zwanzig Zentimeter größer war als ich. Ich hatte das Gefühl, auf einer Wolke zu schweben. Ich war nur etwas verlegen, weil sie mich vor der versammelten Fußballmannschaft küßte.«

»Ich war in der vierten Klasse, und wir spielten gerade in einer Ecke des Schulhofs. Es überraschte mich sehr, wie sanft und feucht ihre Lippen waren.«

»Ich war etwa zehn. Wen ich küßte? Wahrscheinlich Karen M., leider nicht Loretta F. In der fünften und sechsten Klasse spielten wir auf Geburtstagsfeiern ›Reise nach Jerusalem‹ und solche albernen Sachen. Jedenfalls hat mir dieser erste Kuß Spaß gemacht, und seitdem küsse ich überhaupt gern. Ich wußte von Anfang an, daß ich eine Begabung dafür habe.«

»Wir waren beide in der neunten Klasse, und sie war meine Freundin. Das Küssen machte mir zwar Spaß, aber ich hielt es für zu glitschig und feucht.«

»Ich war siebzehn und sie achtzehn und das schönste Mädchen im College – langes blondes Haar, blaue Augen, die einen immer wehmütig anzusehen schienen, und ein Körper wie der von Brigitte Bardot –, und außerdem war sie verdammt nett, liebenswürdig, ging offen auf einen zu. Sie war so freundlich, daß ich sie mir oft als Schwester vorstellte. Wir waren nur gute Freunde, obwohl da so etwas wie sexuelle Anziehungskraft zwischen uns war. Die Party fand bei ihr zu Hause statt, und als ich ging, brachte sie mich zur Tür und unterhielt sich dort kurz mit mir. Ich wurde plötzlich kühn und fragte sie, ob ich sie küssen dürfe. Sie überlegte einen Moment, und ich erwartete schon ein glattes Nein, als sie lächelte und ›in Ordnung‹ sagte. Ich glaubte meinen Ohren nicht zu trauen! Meine Nerven waren wie elektrisiert; sie war für das Küssen so empfänglich, daß unsere Seelen zu verschmelzen schienen. Ich werde diesen Kuß nie vergessen.«

Wie man Schüchternheit überwindet

Es gibt Menschen, die die Schüchternheit des ersten Kusses geradezu genießen. Sie empfinden dabei eine Art Gefühlsstau, und es ist gerade die anfängliche Scheu, die den ersten Kuß für sie so merkwürdig macht. Übertriebene Schüchternheit jedoch kann das Vergnügen beeinträchtigen. Der Bammel vor dem ersten Kuß läßt sich jedoch bekämpfen:

1. Sie sollten es so einrichten, daß es in einem lustigen oder spielerischen Kontext zum ersten Kuß kommt. Eine Frau setzte diese Technik mit Erfolg ein, indem sie ihrem Freund (der ins Haus gekommen war, um beim Anstreichen des Wohnzimmers zu helfen) erzählte, sie wolle ihn als ständigen Freund. Als er diesen Vorschlag freudig begrüßte, sagte sie schnell, das sollten sie mit einem Kuß besiegeln – und bevor er etwas sagen konnte, beugte sie sich vor und küßte ihn. Dieser erste

Kuß dauerte nicht mehr als den Bruchteil einer Sekunde, aber trug erheblich dazu bei, das Eis zu brechen. Ein Kuß unter einem Mistelzweig ist ein weiteres Beispiel dafür, wie man eine unverfängliche Situation nutzen kann, um etwas in Gang zu bringen.

2. Achten Sie darauf, daß Sie nahe genug an den gewünschten Partner herankommen, damit Sie sich Ihren Gefühlen überlassen können. Entscheidend ist, auf Kuß-Distanz heranzukommen, also auf etwa dreißig Zentimeter – so nahe, daß man die Körperwärme des Partners spüren kann. Aus diesem Grund glauben Liebende oft, sie könnten im Auge ihres Partners etwas sehen. Eine Frau hat mir berichtet, daß sie immer ganz nahe an ihren Freund herantrete und ihn frage, was er von ihrem Parfum halte. Wenn man einen Mann dazu bringt, nahe genug heranzukommen, ist die Sache schon halb gelaufen. Wenn beide nahe genug sind und zum Kuß bereit, geschieht fast alles wie von selbst.
3. Bitten Sie einfach um einen Kuß. Denken Sie doch an Shakespeares Zeile aus *Der Widerspenstigen Zähmung*: »Küß mich, Käthchen!« Wenn Sie das zitieren, können Sie die Dinge auch so ins Rollen bringen. Wie eine junge Frau einmal sagte: »Einem Jungen, mit dem ich gelegentlich ausging, sagte ich einmal, ich würde *nicht* mehr mit ihm ausgehen, wenn er mich nicht bald küßt.«
4. Wer es etwas subtiler wünscht, sollte die Aufmerksamkeit des Partners auf sich lenken, etwa bei einem gemeinsamen Ausgehen. Die meisten Männer sagen nämlich, daß sie sozusagen auf ein Stichwort von der Frau warten, das sie meist durch Beobachtung ihres Verhaltens erkennen. Wenn sie nah bei ihm steht, ihn verführerisch anlächelt und Augenkontakt hält und ganz allgemein den Eindruck macht, als wollte sie geküßt werden, fühlt sich ein Mann ermutigt, den ersten Schritt zu tun. Wenn man wissen will, ob ein Mann eine Frau küssen will, braucht man ihm nur in die Augen zu sehen. Wenn er den Mund der Frau anstarrt, kann man sicher sein, daß er es auf einen Kuß abgesehen hat. Wenn man ein paarmal mit ihm ausgegangen ist, sollte man ihn genau beobachten, wenn man sich verabschiedet. Wenn er den Mund anstarrt, sollte man ihn einfach verträumt ansehen, und dann wird er schon kapieren und wissen, was er zu tun hat.

Welchen Rat könnten Sie einem schüchternen Menschen geben?

»Entspannen und genießen. Es gibt keine Vorschriften für das Küssen, also sollte man auch keine Angst davor haben, man könnte etwas falsch machen.«

»Tun Sie es einfach. Ein Versuch lohnt immer.«

»Man sollte sich einfach gehenlassen und keinen Gedanken darauf verschwenden, wie man aus der Nähe aussehen könnte; meist sind die Augen des Partners schon geschlossen.«

»Rangerobbt und nicht gezittert!«

»Man sollte es langsam und behutsam angehen lassen, um die Reaktion des Partners zu erforschen, um dann entsprechend zu reagieren.«

»Man sollte erst dann loslegen, wenn man selbst wirklich bereit ist.«

»Langsam anfangen und sich allmählich gehenlassen; ganz lokker sein.«

»Ganz langsam und sanft vorgehen, mit großer Aufmerksamkeit.«

»Nur keine Schüchternheit; ein Kuß ist etwas Großartiges.«

»Einfach den Mund spitzen und die Lippen des Partners versiegeln.«

»Man sollte nicht darüber nachdenken, sondern es einfach tun.«

»Entspannen und nicht verkrampfen – es passiert von ganz allein. Wenn man zuviel nachdenkt, kann man alles verderben.«

»Man sollte dem Partner die Initiative überlassen. Und dabei nicht den Eindruck machen, als wäre man *zu* scharf auf einen Kuß.«

»Man sollte den Partner nicht ersticken, aber auch keine Scheu vor seiner oder ihrer Zunge haben.«

»Man sollte sich nicht anders geben, als man ist, und Selbstvertrauen zeigen und mit den Gefühlen nicht hinterm Berg halten.«

Wie man es schafft, daß jeder Kuß wie ein erster Kuß wird

Das Geheimnis des erotischen Küssens besteht darin, daß man jeden einzelnen Kuß gestaltet, als wäre es der erste. Hier ein paar Vorschläge, wie Sie die Erregung erneuern können, die den ersten Kuß normalerweise auszeichnet:

1. Stellen Sie sich vor, Ihr Partner wäre Ihnen völlig fremd. Zahlreiche anthropologische Studien belegen, daß der Fremde – der Angehörige eines anderen Clans oder Stamms – mit einfachem Gemüt, aber mit außergewöhnlicher sexueller Energie ausgestattet ist. Die Gründe dafür sind nicht hinreichend erklärt, aber der Grundsatz läßt eine sehr effektive Methode zur Vitalisierung des Kusses vermuten. Versuchen Sie sich vorzustellen, Sie seien zum ersten Mal mit Ihrem Partner zusammen. Viele Männer und Frauen haben erwähnt, daß sie diese Technik mit Erfolg bei ihrem Liebesspiel einsetzen.
2. Manchmal ist es hilfreich, eine neue Umgebung zu wählen, da dies der Phantasie Flügel verleiht.
3. Lassen Sie sich von irgendeiner angenehmen Besonderheit Ihres Partners faszinieren und konzentrieren Sie sich darauf, so daß diese Eigenschaft fast zur Obsession wird. Wenn es Ihnen gelingt, diesen Zustand zu erreichen – daß etwa die Arme Ihres Partners, ein Glitzern in den Augen oder der Schwung einer Nackenlinie Sie auf Touren bringt –, werden Sie diese Besonderheit größer machen, als sie in Wahrheit ist. Ihr Partner wird Ihnen völlig neu vorkommen. Der Schlüssel liegt darin, daß man die Atmosphäre hier und jetzt herbeizaubern kann.
4. Keine festen Abläufe, auf die man sich einstellt. Manchmal entwickeln Paare eine Routine, so daß beide wissen, wie der nächste Schritt aussehen wird. Man erwartet, daß alles nach dem üblichen Muster des Liebesspiels abläuft. Um diese Rou-

tine zu durchbrechen, sollte man sich sagen, daß man *nicht* wie gewohnt vorgehen wird, sondern spielerisch vorgehen und einfach abwarten wird, was passiert. Spielerisches Schmusen ist hilfreich. Lassen Sie sich Zeit.

5. Beobachten Sie Katzen. Methodisch arbeitende Schauspieler wie Marlon Brando haben diese Tiere studiert, um zu lernen, wie man sich konzentriert. Beobachten Sie, wie eine Katze etwas betrachtet. Die gesamte Aufmerksamkeit des Tieres ist dem betrachteten Gegenstand gewidmet. Sehen Sie Ihren Partner auch so an? Vergöttern Sie ihn? Sie sollten lernen, Ihren Partner so anzusehen, wie eine Katze ein Wollknäuel ansieht – mit totaler und ungeteilter Konzentration.

Der erste Kuß läßt sich auf mancherlei Weise erfolgreich arrangieren. Die meisten Menschen gehen so vor, daß sie sich zunächst darum bemühen, ihren Wunschpartner näher kennenzulernen, um dann seine körperliche Nähe zu suchen. Und Paare, die sich schon seit Jahren küssen und der Meinung sind, die Romantik sei längst den Bach runter – keine Angst, sie ist es nicht! Wenn man einige der obengenannten Ratschläge befolgt, kann man die Einzigartigkeit des ersten Kusses noch einmal erleben. Bühnenschauspieler sehen sich immer aufs neue vor diese Herausforderung gestellt, wenn sie eine Szene vor neuem Publikum spielen müssen. Nun ja, das Publikum wird nicht immer neu sein, aber Ihre Küsse können es sein, wenn Sie sich ganz darauf konzentrieren.

Der Lippenkuß

»Wenn ich manchmal die Lippen eines Fremden aus der Nähe anschaue und sie aussehen, als würde es sich lohnen, sie zu küssen, denke ich: ›Oh, die würde ich gern küssen!‹« Hat diese fünfundzwanzigjährige Frau mit ihrer Bemerkung nicht einen Nerv getroffen, der allen Liebenden bekannt vorkommt? Tatsächlich haben mir viele Männer und Frauen erzählt, daß sie immer wieder Tagträume von Lippen haben. Ein feuchter roter Bogen, der sich über einem strahlendweißen Gebiß öffnet... Ah, das ist eine natürliche Aufforderung zum Küssen! Aus diesem Grund küssen manche Menschen sogar ein attraktives Bild in einer Zeitschrift. Deshalb sollten alle Liebenden ihre Lippen auch so pflegen, daß sie stets attraktiv sind: Wenn Ihre Lippen gepflegt und leicht angefeuchtet sind, üben sie auf andere einen unwiderstehlichen Reiz aus.

Natürlich ist der Lippenkuß die Grundform aller Küsse; man schürzt die Lippen, geht nahe an den Partner heran und preßt ihm die Lippen auf den Mund. Diese Beschreibung ist jedoch nur der bloße Anfang der Geschichte. Wie eine junge Frau einmal sagte: »Mir gefällt die *Kreativität* beim Küssen – die vielen Kombinationen, die möglich sind, wenn man die Lippen richtig bewegt.« *Die vielen Kombinationen!* Da liegt der Schlüssel. Um zu wissen, wie man es anfängt, muß man nur den richtigen Ansatz kennen, muß wissen, was während des Kusses zu tun ist, und wie man ihn beendet.

Der Einstieg

Stellen Sie sich vor, die Lippen Ihres Partners seien zu einem spröden roten Strich zusammengepreßt. Versuchen Sie einfach, die Lippen Ihres Partners ganz sanft mit Ihren geschlossenen Lippen zu berühren. Sie ahnen nicht, welche Leidenschaft eine so einfache Eröffnung erzeugen kann! Sie halten sich zurück und bleiben lethargisch, öffnen die Lippen nicht im mindesten, sondern hauchen nur einen leichten, flüchtigen Kuß auf den Mund

Ihres Partners. Dieser kaum wahrnehmbare Hautkontakt genügt, um Sie beide bis ins Mark zu erregen, Sie werden spüren, wie das Blut in den Lippen von Ihnen beiden pulsiert.

Ein weiterer Einstieg: Sie nähern sich behutsam dem Gesicht Ihres Partners, so daß Sie nur dessen Unterlippe leicht berühren. Sobald der Hautkontakt hergestellt ist, sollten Sie innehalten und diesen Kuß einfach nur genießen und die Wärme Ihres Partners in sich aufnehmen.

Ein erster Lippenkontakt läßt sich auch wie beiläufig herstellen, ganz langsam und fast hypnotisch als Ergebnis eines längeren Blickkontakts. Wenn Sie mit Ihrem Partner eine Zeitlang zusammengesessen und sich unterhalten haben, wenn Sie nahe bei ihm sitzen und Sie beide sich in die Augen blicken, werden Sie spüren, wie eine Spannung zwischen Ihnen entsteht, die Sie beide fast zueinander hinzieht. Sie sollten diese Spannung langsam weitersteigen lassen, und wenn Ihre Gesichter nahe genug sind, sollten Sie sich nicht daran stören, daß die Nasen zusammenstoßen; neigen Sie einfach den Kopf leicht zur Seite und nähern Sie sich, bis sich Ihrer beider Lippen berühren.

Was während des Kusses zu tun ist

Bedauerlicherweise sind selbst in unserer revolutionären Zeit manche Leute immer noch nervös, wenn es ums Küssen geht. Kaum haben sie Lippenkontakt hergestellt, scheinen sie nichts Eiligeres zu tun zu haben, als sich wieder von ihrem Partner zu lösen. Vielleicht spuken hie und da unbewußte Vorstellungen, Lippenkontakt sei schmutzig, schlimm oder verboten, und diese Zwangsvorstellungen können Ängste vor längeren Küssen auslösen.

Solche Ammenmärchen können jedoch die Freude am Küssen vergällen. Jeder sollte lernen, sich in eine entsprechende Stimmung zu versetzen, sich zu entspannen und den Lippenkuß zu genießen. »Beim Küssen denke ich daran, wie sich die Lippen des Mannes anfühlen«, erklärte mir einmal eine Frau. »Ich denke an die Stellungen unserer Körper.« Achten Sie darauf, daß Sie während des Kusses verschiedene bequeme Positionen ausprobieren. Denken Sie daran, daß Pferde manchmal stundenlang beisammen stehen, um sich mit den Mäulern zu liebkosen, und Sie sollten sich bemühen, diese animalische Freude an körperlicher Nähe zu erreichen. Hier ein paar Tips, was man während des Lippenkusses zu tun hat:

- Bewegen Sie die Lippen leicht vor und zurück.
- Seien Sie aktiv und pressen Sie die Lippen auf die Ihres Partners.
- Saugen Sie an Ober- oder Unterlippe Ihres Partners.
- Neigen Sie den Kopf leicht hin und her.
- Seien Sie passiv und überlassen Sie Ihrem Partner die Initiative.

Wie man den Lippenkuß beendet

Bei jedem Kuß kommt einmal der Moment, in dem man das Gefühl hat, es ist genug. Manche Menschen fürchten, sie könnten ihren Partner beleidigen, wen sie sich plötzlich zurückziehen, und so lassen sie einen Kuß endlos weiterlaufen, der seinen Reiz schon längst verloren hat. Wenn Ihnen ein wirklich langer Kuß Spaß macht, bitte sehr, dann ist alles in Ordnung. Wenn die Zeit jedoch da ist, ihn zu beenden, müssen Sie wissen, wie Sie es anstellen. Sie sollten sich nicht einfach losreißen, es sei denn, Sie wollen Ihren Partner beunruhigen. Schließen Sie langsam die Lippen, solange Sie noch die Ihres Partners berühren, und machen Sie eine Pause. Achten Sie darauf, ob Ihr Partner weiterküssen möchte oder nicht. Wenn er mit einem neuen Kuß beginnt, müssen Sie entscheiden, ob Sie sich immer noch zurückziehen wollen. Wenn ja, halten Sie die Lippen geschlossen und ziehen Sie sich behutsam zurück. Öffnen Sie in diesem Moment die Augen, dann können Sie immer noch entscheiden, ob Sie weiterküssen möchten, sich zurückziehen wollen oder ob Sie sich von Ihrem Partner weiterküssen lassen wollen.

Weitere Techniken, mit denen sich ein Kuß beenden läßt:

- Bewegen Sie die Lippen nicht mehr und bleiben Sie passiv. Dann brauchen Sie nur noch abzuwarten, bis Ihr Partner den Kuß beendet.
- Ziehen Sie sich schnell zurück. Diese Methode mag Ihren Partner überraschen, ist jedoch, wenn man sie sparsam einsetzt, recht witzig. Sie führt oft dazu, daß man in dem Partner den Wunsch erweckt, weiterzumachen. Er beugt sich vor, um

weiterzuküssen, und Sie können sich leicht zurückziehen, um ihn zu reizen.

- Lassen Sie kleine Laute des Wohlbehagens hören (*mmmh!*) und lehnen Sie sich behutsam zurück, bis der Lippenkontakt unterbrochen ist.

Der Augenkuß

Stellen Sie sich vor, Sie seien gerade dabei, Ihren Freund zu küssen. Sie schlagen plötzlich die Augen auf und stellen fest, daß er einen sehr süßen Gesichtsausdruck hat. Und er hält die Augen geschlossen. Sie haben gerade seine Lippen geküßt, aber sein Anblick mit diesen gesenkten Augenlidern macht Ihnen Appetit, so daß Sie anfangen, ihn neben dem Mund auf die Wange zu küssen. Sie fahren behutsam fort, geben ihm eine ganze Reihe schneller Küsse und arbeiten sich langsam über die Wange zu den Augen hinauf, wo Sie die behutsamsten und zärtlichsten Küsse hinhauchen, deren Sie fähig sind, erst auf das eine Auge und dann auf das andere.

Obwohl dieser Kuß recht ungewöhnlich ist, findet er überraschend viel Beifall: Vierzig Prozent der Frauen und sechzig Prozent der Männer erklärten, er gefalle ihnen. Denn der Augenkuß ist mit zärtlichen und romantischen Assoziationen verbunden, und man findet ihn manchmal auch in der Literatur. Im sechsten Kapitel von Hemingways Roman *In einem andern Land* etwa küßt Fredric seine Geliebte ein paarmal auf die Augen. Erst gibt er ihr einen normalen Kuß. Und als er sieht, daß sie die Augen geschlossen hat, küßt er sie beide.

Tips für Augenküsse

- Beginnen Sie mit anderen Küssen, um Ihren Partner in eine entspannte und empfängliche Stimmung zu bringen.
- Wenn Ihr Partner die Augen schließt, küssen Sie erst ganz behutsam das eine und dann das andere Auge.
- Kehren Sie immer wieder zu den Lippen zurück, damit Ihr Partner befriedigt bleibt. Der Augenkuß sollte etwas Neues bieten, eine Abwechslung.
- Nach ein paar sanften Augenküssen können Sie behutsam mit der Zungenspitze über die Augenlider fahren oder die Augen auch etwas kräftiger küssen.
- Sollte Ihr Partner Kontaktlinsen tragen, ist Vorsicht geboten.

Der Ohrenkuß

Leider küssen nur wenige Menschen die Ohren! Wenn diese jedoch sprechen könnten, würden sie uns zweifellos erzählen, daß der Ohrenkuß etwas Besonderes sei, ebenso wie der Nasen-, Augen- und Halskuß, weil er nämlich ein einseitiger Kuß ist: Ihr Partner kann ihn erst dann erwidern, wenn Sie Ihn beendet haben. Folglich liegt es an Ihnen, diesen Kuß sinnlich und befriedigend zu gestalten. Beim Ohrenkuß kommt Ihnen jedoch die Tatsache zugute, daß die Laute Ihres Atems und die anderen kleinen Geräusche, die beim Küssen unvermeidlich sind, Ihren Partner stimulieren. Machen Sie sich all diese Aspekte des Kusses zunutze, und Sie werden erleben, wie heftig Ihr Partner auf die Laute und Berührungen des Ohrenkusses reagiert.

Tips für den Ohrenkuß

- Küssen Sie das Ohr Ihres Partners zart und hingebungsvoll.
- Küssen Sie das Ohrläppchen, als wäre es eine Unterlippe: Saugen Sie und knabbern Sie daran und ziehen Sie ab und zu ganz leicht mit Lippen und Zähnen.
- Führen Sie Ihrem Partner ganz behutsam die Zungenspitze ins Ohr. Fahren Sie mit der Zungenspitze ganz leicht über Vertiefungen und Erhebungen des Ohrs.
- Umschließen Sie das Ohr mit dem Mund und tun Sie, als wollten Sie es ganz und gar verschlingen.
- Lassen Sie kehlige kleine Laute hören. Wirklich empfundene *oohs* und *aahs* bringen Ihren Partner unfehlbar auf Touren.
- Atmen Sie behutsam in das Ohr Ihres Partners. Das Geräusch Ihres Atems wird ihn erregen. Das Kitzeln der Lippen und Ihres warmen Atems erzeugt eine köstliche Erregung.
- Flüstern Sie Ihrem Partner Dinge ins Ohr. Lassen Sie Ihrer Phantasie freien Lauf. Es wird Ihnen schon etwas einfallen, was nicht auf taube Ohren stößt. Eine Frau wird es gern hören, wenn man ihr sagt, wie süß ihre Ohren seien.

10 Prozent der befragten Männer und 85 Prozent der Frauen mögen Ohrenküsse

MÄNNER:
»Ich mag es, wenn meine Freundin mit den Zähnen an den Ohrläppchen zieht.«

»Ich muß manchmal lachen, wenn sie mir die Ohren küßt, aber es ist ein Lachen aus höchstem Vergnügen.«

FRAUEN:
»Ich mag es, gelegentlich auf die Ohren geküßt zu werden, allerdings kommt es darauf an, von wem.«

»Es macht mich verrückt.«

»Bei Ohrenküssen muß der Zeitpunkt stimmen. Vorher muß ich lange auf den Mund geküßt werden.«

»Ich liebe die schlürfenden Geräusche und das Atmen, wenn ich auf und in das Ohr geküßt werde.«

»Nicht die Ohren. Ich hasse das.«

»Ja, aber nur im Rahmen des Vorspiels. In der Öffentlichkeit hasse ich es.«

»Ich mag es besonders, am Hals und an den Ohren geküßt zu werden.«

Der Nasenkuß

Stellen Sie sich vor, Sie sind ein junger Mann und sind gerade dabei, eines Morgens Ihre Freundin zu küssen, als sie plötzlich anfängt, Ihre Nase zu küssen. Würden Sie so reagieren wie ein Freund von mir?

»Bitte, nicht die Nase«, sagte er.

»Warum denn nicht?« gab seine Freundin zurück. »Du hast eine hübsche Nase, und ich mag es, sie zu küssen.«

»Ein Nasenkuß kommt mir etwas... infantil vor.«

Sie ließ aber nicht von seiner Nase ab, und der Ärmste mußte es stumm über sich ergehen lassen. Später gab er zu, daß es ihm gefallen habe, obwohl es ihn zunächst überrascht habe. Er kannte diesen Kuß nicht.

Die Nase ist eine der erogenen Zonen, die Sigmund Freud bei seiner Analyse der menschlichen Sexualität übersehen hat, aber dennoch ist sie ein Organ, das in sexueller Hinsicht zu neuem Leben erweckt zu werden verdient. Tatsächlich belegen Umfragen, daß vierzig Prozent der Frauen und fünfundfünfzig Prozent der Männer sich gern auf die Nase küssen lassen.

Ein Nasenkuß ist leichter zu bewerkstelligen; legen Sie einfach die Lippen auf die Nase Ihres Partners und küssen Sie drauflos... Von oben nach unten und umgekehrt, bis hinauf zu dem Punkt zwischen den Augen und dann wieder hinunter zu den Nasenlöchern. Und wenn die süß sind, sollten Sie auch sie küssen, vielleicht sogar die Zunge hineinstecken und die Spitze herumwirbeln lassen.

Wenn Sie dabei sind, sollten Sie aber nicht vergessen, daß Sie die Lippen Ihres Partners unterdessen unbeschäftigt lassen. Sie sollten also nicht *allzuviel* Zeit damit verbringen, an der Nase herumzuspielen, da Lippenküsse unendlich viel befriedigender sind. Sie sollten immer wieder zu den Lippen zurückkehren, aber gelegentlich einen Abstecher zur Nase machen, um den Lippen eine kurze Ruhepause zu gönnen.

Wenn Ihr Partner noch nicht an diese Form der Zärtlichkeit gewöhnt ist, sollten Sie auf Beschwerden gefaßt sein. Obwohl es *Ihr* Mund ist, der da beschäftigt wird, hat der Mund des Partners nichts zu tun, so daß Sie mit Protesten, Scherzen und spöttischen Bemerkungen rechnen müssen. Meist wird Ihr Partner wissen wollen, was Sie da tun, oder sogar, wie ungewöhnlich es ist, und so weiter. Mein Rat? Wenn Ihre Freundin eine süße Nase hat, sollten Sie sie küssen und Ihre Freundin protestieren lassen, soviel sie mag.

Der Halskuß

Das überraschendste Ergebnis meiner Kuß-Umfrage war die Erkenntnis, daß Frauen am liebsten auf den *Hals* geküßt werden, wenn man einmal vom Mund absieht. Mehr als 94 Prozent der befragten Frauen nannten den Hals als hocherogene Zone. Und obwohl drei von vier Männern ebenfalls gestanden, Küsse auf den Hals zu mögen, hat doch keiner von ihnen so davon geschwärmt wie die Frauen. Schlußfolgerung: Küssen Sie Ihrer Partnerin den Hals! Und, Mädchen, nicht vergessen: Wenn er es noch immer nicht kapiert, müßt Ihr's ihm sagen. Man stelle sich irgendeinen armen Teufel vor, der sein ganzes Eheleben in totaler Unwissenheit darum verbringt, daß er seine Frau mit Halsküssen zum Wahnsinn treiben könnte. Für solche Männer ist dieses Kapitel gedacht. Sämtliche Äußerungen stammen von Frauen, die sich über diesen Kuß weit ausführlicher äußerten als die Männer.

»Ich war fünfzehn, als ich mein erstes intensives Kuß-Erlebnis hatte. Ich saß mit meinem Freund in meinem Zimmer und wurde sehr erregt, als er meinen Hals küßte. Es war das erste Mal, daß ich das erlebte. Ich stöhnte ziemlich laut und wurde ziemlich wild, und mein Freund fragte: ›Ist alles in Ordnung?‹ Ich hatte das Gefühl, als müßte ich erklären, warum ich so erregt war. Da ich noch nicht viel Erfahrung im Küssen hatte, war ich ziemlich verlegen. Übertrieb ich etwa? Wie erregt hätte ich denn sein sollen? Aus heutiger Sicht hätte ich nicht so reagieren sollen, wie ich es tat.«

»Wenn ein Mann sich von hinten nähert, mir seinen Atem in den Nacken bläst und mich dort küßt und beißt, habe ich das Gefühl, als würden mir tausend Volt über den Rücken gejagt.«

»Ich finde es sehr schön, auf die Augen, die Nase, die Ohren, den Hals, die Schultern und die Arme geküßt zu werden – ich mag es überall! Am Hals aber macht es mich ganz verrückt.«

»Wenn man mich auf den Hals küßt, ihn leckt oder beißt, macht mich das unheimlich an.«

»Abgesehen von Augen-, Nasen-, Schulter- und Armküssen mag ich besonders die Halsküsse.«

»An Ohren und Hals habe ich es am liebsten.«

»Ich werde verrückt, wenn mir jemand den Hals küßt. *Das* erregt mich sexuell unglaublich.«

»Es treibt mich die Wände rauf!«

»Das macht mich ganz kirre!«

Halsküsse für Anfänger und Fortgeschrittene

1. Nach einigen Küssen auf die Lippen sollten Sie mit dem Mund weiterwandern und den Hals auf der Seite küssen. Diese Bewegung schafft einen eleganten Übergang vom Lippen- zum Halskuß.
2. Küssen Sie sanft die kleinen Vertiefungen an den Schlüsselbeinen, die Punkte, die man mit dem Kinn berührt, wenn man den Kopf ganz nach vorn neigt. Wenn Ihr Partner gerade liegt, können Sie die Höhlung sogar mit Traubensaft füllen und ihn wie ein Hund oder eine Katze ausschlecken. Ich garantiere für durchschlagenden Erfolg.
3. Hauchen Sie Ihrem Partner Ihren warmen Atem in den Nakken, als wollten Sie diese Stelle für einen Kuß markieren. Dann können Sie die Stelle küssen oder beißen.
4. Wie seltsam es Ihnen auch vorkommen mag: Wenn Sie Ihre Halskuß-Technik verfeinern wollen, sollten Sie ins Kino gehen und sich ein paar Dracula-Filme ansehen. In dem Film *Taste the blood of Dracula* steht Dracula, gespielt von Christopher Lee, vor der Frau, legt ihr beide Hände auf die Schultern, beugt sich hinunter und beißt ihr seitlich in den Hals. In einer anderen Szene steht er hinter ihr, die rechte Hand auf ihrer rechten Schulter, während seine linke ihr die linke Halsseite kneift, während er sich bereitmacht, sie rechts in den

Hals zu beißen. Diese Stellungen lassen sich auch in zärtlicheren Situationen vorzüglich nutzen, etwa zu behutsamen Küssen oder spielerischen Liebesbissen.

Der elektrische Kuß

Jeder von uns hat schon mal durch elektrisch aufgeladene Gegenstände einen Schlag erhalten. Wenn man einen Pullover auszieht oder über einen Teppichboden geht, baut man im Körper ein elektrisches Feld auf, daß bei der Berührung eines Gegenstands oder eines Menschen neutralisiert wird. Es ist der einfache Grundsatz, auf dem der elektrische Kuß beruht. Dieser Kuß ist vollkommen sicher, und wenn Sie meinen Vorschlägen folgen, werden Sie und Ihr Partner einen völlig neuen Kick erleben.

Vorbereitung des elektrischen Kusses

Löschen Sie zunächst das Licht. Sie werden gleich verstehen, weshalb das nötig ist. Jetzt reiben Sie ein wenig mit den Füßen auf dem Teppich hin und her. Ihr Partner braucht es nicht zu tun; für diesen Kuß genügt es, wenn ein Partner »aufgeladen« ist. Wenn man die Füße auf einem Teppich reibt, baut man einen Überschuß an negativ geladenen Teilchen auf und wird somit negativ geladen. Wenn man dann einen Gegenstand oder einen Menschen berührt, der positiv oder nicht geladen ist, das heißt elektrisch neutral, löst man einen kleinen elektrischen Schlag aus.

Jetzt nähern Sie sich langsam Ihrem Partner. Nehmen wir an, die negativ geladene Person ist Ihre Frau. Sie sollte dann nahe an den Mann herantreten und ihr Gesicht ganz nahe an seins heranbringen, ohne ihn mit Händen oder Beinen zu berühren. Sie muß darauf achten, daß sie auf keinen Fall irgendeinen Teil des Körpers berührt, denn sonst wird das elektrische Feld neutralisiert, und beim Kuß werden keine Funken fliegen.

Jetzt muß sie die Lippen näher an seine heranbringen, und wenn es dunkel ist, kann sie kaum das Gesicht ihres Partners erkennen. Sie muß behutsam vorgehen. Sie sollte dem Atemgeräusch ihres Partners lauschen und es benutzen wie ein Pilot, der sich von einem Zielfluggerät zum Flughafen führen läßt. Die Frau sollte sich vom Atem des Mannes leiten lassen. In diesem entscheidenden und romantischen Moment kann sie ihm, wenn sie will, ein paar liebevolle Worte zuflüstern, etwa:

»Halt jetzt still. Beweg dich nicht.«

Damit sichert sie, daß er für den Kuß bereit ist. Dann sollte sich die Frau ganz langsam nähern. Ein Teil des Vergnügens an diesem Kuß liegt darin, daß beide Partner einander ganz nahe sind, ohne sich zu berühren. Schaffen Sie das? Es erfordert ein wenig Willenskraft und auch etwas Übung.

Wenn Ihre Lippen ganz dicht an die des Mannes herangekommen sind, wird ein winziger elektrischer Funke überspringen. Wenn Sie genau in diesem Moment hinuntersehen, werden Sie ein sprühendes Licht sehen wie bei einem Feuerwerk. Das ist der elektrische Funke, von dem schon so viele Dichter geschrieben haben. Und jetzt haben Sie und Ihr Partner ihn zum ersten Mal sichtbar gemacht. Einen Funken der Liebe! Die Erregung dieses Augenblicks wird den meisten jungen Paaren genügen, um beide überrascht zurückzucken zu lassen. Sie aber sind eine ausdauernde Seele und lassen sich nicht beirren. Wenn Sie aufmerksam gelauscht haben, werden Sie auch das leise Knistern gehört haben, als die Elektrizität von Mund zu Mund übersprang. Jetzt ist die Zeit gekommen, sich vorzubeugen und den Mann zu küssen, denn gerade jetzt vibrieren Ihre Lippen vor entladener elektrischer Energie, und es gibt keine bessere Erlösung von diesem kleinen elektrischen Schlag als das süße Gefühl eines sanften Kusses. Ah!

Der berühmteste elektrische Kuß in der englischen Literatur findet sich am Ende von Henry James' Roman *Bildnis einer Dame*: »Sein Kuß war wie ein weißer Blitz, ein heller Funke, der immer wieder aufsprühte und zu bleiben schien.« Tatsächlich sind die beim elektrischen Kuß wirkenden physikalischen Kräfte genau die gleichen, die Blitz und Donner auslösen.

Es macht Spaß, jemanden mit einem elektrischen Kuß zu überraschen, der ihn noch nie erlebt hat. Wenn Ihr Partner etwa einen Pullover trägt, bitten Sie ihn, ihn auszuziehen. Das einfache Ausziehen eines Pullovers, besonders wenn er aus Wolle ist, wird meist genügen, um eine starke elektrische Aufladung zu erzeugen. Vielleicht sollten Sie Ihrem Partner sagen, daß er die Hände auf dem Rücken hält und die Augen schließt. Sagen Sie ihm, Sie hätten eine Überraschung für ihn. Manche Männer werden bei einem solchen Vorschlag so erregt, daß sie nicht einmal den elektrischen Schlag des Kusses spüren, weil ihr ganzer Körper mit Energie und Vorfreude erfüllt ist. Wenn dies passiert, wissen Sie, daß Sie Ihren Partner auf den Kuß vorbereiten müssen. Erklären Sie ihm, was Sie vorhaben. Wenn er geduldig genug ist, sich die Beschreibung eines einzigartigen neuen Kusses anzuhören – und es gehört schon eine gewisse Verspieltheit dazu, diesen Kuß zu schätzen –, dann wissen Sie, daß Sie einen guten Liebhaber gefunden haben. Jeder Mann, der bereit ist, alle vorbereitenden Schritte zu machen, das Löschen des Lichts, die elektrische Aufladung des Körpers, die Vermeidung jedes Hautkontakts und die sachte Annäherung an den Kuß, wird Sie nicht enttäuschen. Es wird Ihnen größtes Vergnügen machen, ihnen mit spannungsgeladenen elektrischen Küssen zu verwöhnen.

Wo elektrische Küsse am besten gelingen

Eine junge Frau erzählte mir, sie habe den elektrischen Kuß nach einer Party an ihrem Freund ausprobiert, als sie im Flur standen und nach Hause gehen wollten: »Die Luft war trocken, und auf dem Fußboden lag ein großer, langfloriger Teppich. Die Bedingungen waren perfekt. Der Schlag war so stark, daß der arme Junge zurückzuckte und von mir wissen wollte, ob ich an eine Steckdose angeschlossen sei. Für einen Moment hielt er mich für völlig durchgedreht und hatte Angst, sich mir zu nähern, bis ich ihm erklärte, was ich vorhatte. Dann konnte er nicht genug davon kriegen. Wir blieben zwanzig Minuten im Flur stehen und versetzten einander Schläge, daß uns die Funken um die Lippen sprühten.« Die junge Frau berichtete, ihr Mund sei nach den Schlägen so süß und weich gewesen, daß sie noch Stunden später am ganzen Körper vibriert habe. Diese Beschreibung läßt vermuten, daß man sich für den elektrischen Kuß die richtige Umgebung suchen muß. Wenn Sie den Ort sorgfältig auswählen, werden Sie nicht nur einen Schlag bekommen, sondern auch ein hochromantisches Erlebnis haben.

Die folgenden Standorte sind für elektrische Küsse geeignet. Ein Elektriker hat die dabei entstehende Voltzahl gemessen. (Werte von 55 bis 1000 Volt erzeugen einen angenehmen, harmlosen Schlag, bei dem Sie keinerlei Schmerz empfinden. Bei Werten über 1000 Volt können Sie einen leichten Schmerz fühlen.)

Auf einem Sofa	55 Volt
In einem Kino	66 Volt
Auf einem Langflorteppich	625 Volt
In einer Hotelhalle	800 Volt
In einem Kaufhaus	75 bis 1000 Volt
Unter einer Wolldecke	250 bis 4000 Volt

Der Liebesbiß

Stellen Sie sich einen typischen Geschäftsmann vor. Er trägt einen grauen Anzug und eine goldene Armbanduhr. In seiner Aktentasche hat er Papiere, die er während der Taxifahrt ins Büro lesen will. Er kann sich meist gut auf seine Arbeit konzentrieren, aber während dieser Fahrt in die Innenstadt schweifen seine Gedanken ab. Durch die Taxischeibe sieht er Menschen auf dem Weg zur Arbeit. Er entdeckt eine gutaussehende Frau in einem blauen Kleid, und plötzlich muß er an den letzten Abend denken, als Luella ihn in die Ohrläppchen biß.

»Gibt's was zu lachen?« fragte der Taxifahrer, der ihn im Rückspiegel betrachtete.

»Oh, es ist nichts«, erwiderte der Fahrgast. »Ich habe gerade an was gedacht.«

Der Liebesbiß ist ein Kuß, an den sich die meisten Menschen noch am nächsten Tag erinnern werden. Man sollte also nicht davor zurückscheuen, die Zähne einzusetzen; siebzig Prozent der von mir befragten Männer und zweiundsechzig Prozent der Frauen erklärten, ein (sanfter!) Liebesbiß ihres Partners sei genau richtig, wenn es leidenschaftlich zugehe. Ein Mann erklärte: »Wenn meine Freundin ganz leicht zubeißt, macht mich das unheimlich an und gibt mir zu verstehen, daß auch sie angetörnt ist.«

Der Liebesbiß ist anspruchsvoll und sinnlich zugleich, spielerisch und ernst. Es ist ein Kuß der Zuneigung, der von tiefem Verlangen und beherrschter Aggressivität zeugt. Jeder Liebende sollte ihn voll und ganz beherrschen; ob er Ihnen nun gefällt oder nicht, Sie sollten jedenfalls wissen, wie man es dabei anstellt, falls Sie irgendwann die Lust überkommt zu beißen – oder gebissen zu werden.

Wie man beim Liebesbiß vorgeht

1. Ziehen Sie mit den Zähnen behutsam am Fleisch Ihres Partners.
2. Ziehen Sie die Haut leicht in die Höhe.

3. Lockern Sie den Biß und lassen Sie die Haut langsam durch die Zähne zurückgleiten.
4. Während Sie Haut und Fleisch zurückgleiten lassen, sollten Sie gleich wieder zuschnappen und noch einmal von vorn anfangen.
5. Wiederholen Sie diese ersten vier Schritte und arbeiten Sie sich langsam vom Hals zu den Armen und zum Gesicht vor.
6. Sie können diesen Kuß variieren, indem Sie das Fleisch nur zwischen die Lippen nehmen, so daß Ihre Zähne die Haut Ihres Partners nicht direkt berühren.

Was beim Liebesbiß zu empfehlen und was zu vermeiden ist

ZU EMPFEHLEN:

- Seien Sie sanft.
- »Bohren« Sie die Zähne so tief in das Fleisch Ihres Partners, daß Sie die Haut zwischen den Zähnen hochziehen können. Wenn Sie behutsam vorgehen, tut es nicht weh. Längere Liebesbisse können jedoch kratzen und die Haut wund machen. Es bleibt Ihrem Urteil überlassen, wann es genug ist.
- Fragen Sie Ihren Partner, ob es ihm gefällt oder nicht.
- Unterbrechen Sie den Liebesbiß mit anderen Küssen. Wenn Sie Ihren Partner etwa ein paarmal in den Arm gebissen haben, sollten Sie ihn mit ein paar sanften Küssen zur Ruhe kommen lassen.
- Seien Sie sich Ihrer inneren Reaktion bewußt. Der Liebesbiß kann in Ihnen leicht aggressive Gefühle auslösen. Von Psychologen wie von Dichtern wissen wir, daß Liebe auch einige Elemente der Aggression enthält, und der Liebesbiß läßt einen damit eine spielerische Erfahrung machen. Zugleich können die Empfänger dieser Spielart eines Kusses Gefühle von Unterwerfung und Gehorsam erleben. Diese Gefühle sind Bestandteil des normalen Gebens und Nehmens jeder Liebesbeziehung und lassen sich mit dem Liebesbiß in einem sicheren Kontext ausleben.

UNBEDINGT VERMEIDEN:

- Bei einer ersten Verabredung sollten Sie den Liebesbiß auf jeden Fall vermeiden. Sie müssen Ihren Partner kennenlernen, bevor Sie sich an diese »verfeinerte« Kußform heranwagen.
- Achten Sie darauf, daß Ihr Partner nicht blutet, jedenfalls nicht zu stark.
- Tun Sie Ihrem Partner nicht weh.
- Liebesbisse durch Stoff – er sollte tunlichst nur auf der bloßen Haut angewandt werden. Wenn Sie in einen bekleideten Körperteil beißen, bekommen Sie nur Fussel in den Mund.

Mögen Sie es, beim Küssen zu beißen oder gebissen zu werden?

FRAUEN:

»Ein sanfter Biß mag erträglich sein, mehr aber auch nicht.«

»Ich mag es, wenn man mich sanft in den Hals beißt.«

»Ja, besonders am Hals und an den Ohrläppchen. Wow!«

»Ja, ja, ja, beide Varianten. Ich gebe zu, daß ich gern ein wenig beiße. Nicht so sehr in den Mund, aber beim Hals sieht das schon anders aus.«

»Ich mag es, beim Küssen zu beißen und gebissen zu werden, aber es muß sanft sein.«

»Ich liebe es.«

MÄNNER:

»O ja. Gerade soviel, daß man die Zähne spürt. Nur ein wenig. Die Haut darf dabei nicht verletzt werden.«
»Meine Freundin beißt mich überall, sogar in die Zunge und die Lippen. Allzu aufregend finde ich es aber nicht.«

»Ich liebe es, wenn ich beim Küssen in die Unterlippe gebissen werde. Ich selbst könnte meine Freundin stundenlang beißen.«

»Ja, wenn nicht nur die Lippen, sondern auch andere Körperteile gebissen werden.«

»Ein Knabbern hier und ein leichter Biß da, das gefällt mir. Ich mag es auch, wenn an den Ohrläppchen geknabbert wird, oder kleine Bisse am Hals. Manchmal lasse ich die Unterlippe im Mund verschwinden oder schiebe sie über die Oberlippe, so daß ich nur mit einer Lippe küsse – das ergibt allerdings eher einen kleinen Zusammenstoß als einen Kuß.«

Wenn Sie zögern, einen Liebesbiß zu probieren, sollten Sie eins nicht vergessen: Haben Sie je gesehen, wie zwei Welpen auf dem Fußboden herumtollen und dabei spielerisch nacheinander schnappen? Wenn Sie Ihren Partner beißen, regredieren Sie in ein primitives Entwicklungsstadium, und der Sex wird freier und befreiender. Ein leicht aggressives Liebesspiel, bei dem die Partner leicht aneinander herumknabbern, löst manche Hemmungen. Und mit dieser scharfsinnigen Bemerkung möchte ich dies Kapitel schließen.

Der »süße« Kuß

Blicken wir weit in die Geschichte zurück, um nach den Ursprüngen des Kusses zu suchen. Im üppigen Grün verborgen, erkennen wir zwei Gestalten aus ferner Vergangenheit – eine Mutter und ihr Kind. Es sieht aus, als würde die Frau die Nahrung zu einer breiigen Masse vorkauen, die sie dem Kind dann in den Mund praktiziert. Bei einem so abstoßenden Anblick wenden wir uns ab. Wenn dieses Kleinkind jedoch erwachsen geworden ist, wendet es die gleiche Prozedur an, wenn es liebt. Die Übertragung von Nahrung von einem Mund in den anderen verschwindet allmählich aus dem Ritual, und am Ende pressen Liebende nur noch die Lippen aufeinander. Das ist der Ursprung des modernen Kusses und damit auch des »süßen«.

Mögen diese anthropologischen Tatsachen manchem auch unappetitlich vorkommen, so hilft uns unser Wissen darum doch, sinnlicher und erotischer zu küssen. Der Begriff »süßer Kuß« bedeutet, daß etwas Süßes damit verbunden ist, meist ein Bonbon oder eine Praline, die jemand direkt in den Mund seines Partners oder seiner Partnerin gleiten läßt. Es ist ein Kuß für sinnliche Liebende, der einen empfindsamen Gaumen und die Bereitschaft erfordert, eventuellen Ekel zu überwinden, der mit der Vorstellung verbunden sein könnte, daß man etwas Süßes, etwas zu essen oder zu trinken direkt aus dem Mund des Partners empfängt. Wenn man sich jedoch erst mal daran gewöhnt hat, wird man es genießen wie eine gute Mahlzeit, und jeder kann sich leicht davon überzeugen, daß das Küssen ungeheuer viel erotischer, stimulierender und befriedigender wird. Lassen Sie sich Zeit und langen Sie ruhig noch ein zweites oder drittes Mal zu. Süße Küsse sind Nahrung für die Liebe und eine Diät, die Sie bald nicht mehr missen möchten.

Viele Liebende, die den süßen Kuß praktizieren, schämen sich dessen und haben das Gefühl, etwas Verbotenes zu tun. Vielleicht sind sie der Meinung, sie seien leicht pervers, oder ihr Geschlechtstrieb habe sich verirrt, doch in Wahrheit sind sie völlig normal. Auch wenn wir uns dessen nicht bewußt sind, übt der süße Kuß, wenn auch tief im Unbewußten verborgen, auf jedermann großen Reiz aus. Es ist höchste Zeit, daß wir uns eingestehen, daß es zu dem Köstlichsten gehört, was ein Liebender erleben kann, den Mundgeschmack seines Partners kennenzulernen.

Mögen Sie den Geschmack Ihres eigenen Mundes? Wenn nicht, sollten Sie daran arbeiten, daß Sie stets einen süßen und frischen Atem haben und daß Ihre Zähne makellos weiß sind. Essen Sie Pfefferminz, damit Ihre Küsse süß schmecken. Mögen Sie den Mundgeschmack Ihres Partners? Wenn nicht, sollten Sie ihm oder ihr vorschlagen, etwas dagegen zu unternehmen.

So macht man es beim süßen Kuß richtig

Der »süße« Kuß erfordert Sinnlichkeit. Vielleicht kommen Ihnen einige der folgenden Anweisungen zunächst merkwürdig vor, doch wenn Sie sich Zeit lassen und einige Übung haben, könnte der süße Kuß zu einem Ihrer Lieblingsküsse werden.

1. Essen und trinken Sie Dinge, die Ihre Zunge färben. Wenn Sie etwas roten Traubensaft trinken, wird Ihre Zunge einen leicht bläulichen Schimmer annehmen. Eine gefärbte Zunge hat den Vorteil, stimulierend und verlockend zu wirken. Und je interessierter Ihr Partner an Ihrem Mund wird, um so eher wird er Sie küssen wollen. So fühlen sich die meisten Menschen etwa von knallroten Zungen angezogen. Eine rote Limonade oder roter Sirup eignen sich bestens. Experimentieren Sie mit verschiedenen Süßigkeiten und Getränken, dann finden Sie heraus, was Ihre Zunge verfärbt, und fragen Sie Ihren Partner, welche Farbe am aufregendsten wirkt. Zeigen Sie Ihrem Partner die Zunge so, wie Sie es beim Arzt tun. Sagen Sie »*Ah!*«.
2. Wenn Sie etwas Süßes essen, sprechen Sie mit Ihrem Partner über den Geschmack, bis er oder sie neugierig wird. Dann zeigen Sie, wie es aussieht, indem Sie den Mund öffnen. Sie sollten es jedoch nicht übertreiben und es nur mit festen Süßigkeiten tun – es sei denn, Sie kennen Ihren Partner *sehr, sehr gut*.
3. Sehen Sie genau hin. Studieren Sie den Mund Ihres Partners so, wie Michelangelo die Vorlage für eine Skulptur studiert hätte. Wenn Sie in einem Restaurant sitzen, werfen Sie verstohlene Blicke auf Lippen und Zähne Ihres Partners, beobachten Sie sein oder ihr Lächeln. Alle diese schnellen visuellen

Eindrücke sind Nahrung für die Liebe. Sie werden Sie erregen und Ihre Leidenschaft steigern. Sie werden feststellen, daß Ihr Verlangen fast augenblicklich stärker wird. Sie werden sich wie durch einen machtvollen Zwang zu Ihrem Gegenüber hingezogen fühlen. Appetit werden Sie kaum haben, weil Sie so mit dem Aussehen Ihres Partners oder Ihrer Partnerin beschäftigt sind. Wenn er oder sie lacht, sollten Sie einen schnellen Blick in das Innere des Mundes werfen. Sehen Sie sich die Zunge an. Betrachten Sie den glitzernden Nektar, der sie bedeckt. Solche Anblicke werden einen mächtigen Durst in Ihnen wecken, den man nur durch Küsse löschen kann, dadurch, daß Sie herausfinden, wie der Mund Ihres Partners schmeckt.

4. Schließlich sollten Sie Süßigkeiten oder Pralinen von Mund zu Mund wandern lassen. Manche Liebende mögen es am liebsten mit Schokolade, andere geben Bonbons den Vorzug. Es gibt Hunderte von Möglichkeiten. Lutschen Sie erst an der Süßigkeit und geben Sie sie dann von Mund zu Mund an Ihren Partner weiter. Es wird nicht lange dauern, da sind Sie in ein köstlich babyhaftes Stadium regrediert und essen sich gegenseitig aus dem Mund.

Unangenehme Geschmacksempfindungen

»Ich hasse es, wenn jemand nach Whisky riecht, und weigere mich, ihn zu küssen, wenn er wie eine ganze Bar stinkt.«

»Wenn er Limburger Käse ißt, sage ich ihm klipp und klar, daß es mindestens zwei Stunden keine Küsse gibt. Ergebnis: Er hat sich inzwischen auf Münsterkäse verlegt, der mild und sahnig ist, und dagegen habe ich gar nichts.«

»Wenn er raucht und dann knutschen will – puh! Dann habe ich das Gefühl, als würde ich einen Aschenbecher küssen.«

»Wenn er sich die Zähne geputzt hat, mag ich seinen Mund. Seinen Atem am frühen Morgen mag ich jedoch nicht.«

Was Männer und Frauen lieben

»An Eiscreme gefällt mir, daß sie den Mund abkühlt, so daß der Kuß immer süß und kalt anfängt und allmählich, wenn wir uns richtig reinhängen, heißer wird. Wenn wir Eiswaffeln essen, nimmt jeder ein Eis mit einem anderen Geschmack. Ich weiß, daß es sich für manche unangenehm anhört, aber es ist wirklich toll, die Eiskugeln zu mischen, wenn man sich küßt, etwa Schokoladen- und Vanille-Eis.«

»Ich mag Küsse, die nach Zitrone schmecken, weil ihr Mund sich dann zusammenzuziehen scheint und mein Mund an ihrem klebt. Unsere Lippen sind dann wie zusammengewachsen, und das ist ein schönes Gefühl.«

»Minze. Das schmeckt frisch und scharf.«

»Wir lieben beide Pfefferminztaler. Wir warten, bis unsere Münder nach Minze schmecken, und wenn wir uns dann küssen, vibrieren unsere Zungen. Dabei kann ich nicht immer entscheiden, ob dieses prickelnde Gefühl von den Pfefferminztalern oder den Küssen kommt.«

»Um Weihnachten herum bekomme ich immer Pfefferminzstangen, die unsere Münder so süß machen, daß wir nach einiger Zeit auf dem Sofa sitzen und uns längere Zeit küssen. Es klingt kindisch, macht aber viel Spaß.«

»Ein Mund, der nach Apfel schmeckt, macht mich ganz kirre. Es ist irgendwie sinnlich (vielleicht sogar sündig?), wenn man hört, wie der Partner knackend in einen frischen Apfel beißt. Das Aroma ist anregend, und der Mund meiner Freundin ist immer so sauber und bittersüß, wenn sie einen Apfel gegessen hat, daß es fast wie ein Aphrodisiakum ist, sie danach zu küssen.«

»Ich mag den Geschmack seines Mundes so sehr, daß ich manchmal das Gefühl habe, es müßte angenehm sein, da drinnen zu wohnen.«

»Ich liebe den Geschmack seines Mundes. Manchmal fühlt er sich klein an, denn seine Lippen sind dünner als meine. Nachdem ich ihn nun seit eineinhalb Jahren kenne und küsse, würde ich sagen, daß ich nur ein- oder zweimal den Geschmack seines Mundes nicht mochte.«

Essen Sie je Speisen oder Süßigkeiten aus dem Mund Ihres Partners?

MÄNNER:
»Als ich einmal in Paris war, kam auf einer Party plötzlich ein Mädchen auf mich zu und küßte mich. Sie hatte den Mund voller Champagner, den sie mir in den Mund spritzte, und das war wirklich ein tolles Gefühl. Es war das erste Mal, daß ich so etwas erlebte. Es gehört zu meinen denkwürdigsten Kußerfahrungen.«

»Manchmal halten wir etwas zu essen zwischen den Lippen oder Zähnen, um den anderen zu füttern, damit wir diese Lippenberührung spüren, zu der es einfach kommt, wenn man gemeinsam an etwas herumknabbert.«

»Wir lassen Eiswürfel hin und her wandern.«

FRAUEN:
»Ja – sehr exotisch!«

»Ich liebe es zu küssen, während ich Wein trinke. Der Geschmack des Weins auf der Zunge meines Freundes ist wundervoll!«

»Ja, besonders Käsekuchen.«

»Wir haben schon gemeinsam Wein genippt und Süßigkeiten ausgetauscht. Richtiges Essen jedoch nicht; das kommt mir ein bißchen abstoßend vor.«

»Wir schieben einen Kaugummi hin und her.«

»Ich mag es, wenn wir beim Küssen einen Bonbon hin und her gleiten lassen.«

»Fast jeden Abend nach dem Essen stecke ich mir einen Pfefferminztaler zwischen die Lippen und lasse meinen Freund mit dem Mund danach schnappen. Das bringt uns immer zum Lachen.«

»Mein Freund liebt es, an Eiswürfeln herumzulutschen, und die teilt er gern mit mir.«

Der Wanderkuß

Ein ausgefüllter Fragebogen kam von einem jungen Mann Ende Zwanzig zurück. Bei einem späteren persönlichen Gespräch erzählte er, als Vierjähriger sei er von einer Babysitterin geküßt worden. Sie sei eine gute Freundin der Familie gewesen, für ihn fast so etwas wie eine Tante, und sie sei dann den ganzen Sommer jeden Abend im Haus gewesen und habe meist ein ärmelloses Kleid getragen und mit ihm zusammen ferngesehen. Eines Tages habe sie ihn gebeten, sie zu küssen. Er habe begonnen, ihr Gesicht und ihren Mund zu küssen, was ihr gefallen habe. »Sie wollte aber so viele Küsse von mir«, wie er sich erinnert, »daß ich mir nach einiger Zeit *neue* Küsse ausdenken mußte, da dieses ewige Küssen auf Mund und Wange mich zu langweilen begann. So begann ich eines Tages, meinen Mund an ihren Armen *heruntergleiten* zu lassen. Sie war ziemlich pummelig, und es machte mir Spaß, das Fleisch ihrer Arme zu küssen. Dann ließ ich den Mund bis zu ihren Händen hinuntergleiten, die ich dann küßte. Sie hielt das für ein tolles Spiel. Ich nannte es den Wanderkuß.«

Der junge Mann mag diesen Kuß im Alter von vier Jahren erfunden haben, aber praktizieren tut er ihn noch heute. »Heute mache ich es mit meiner Freundin, und ihr gefällt es auch.«

Dann nichts wie ran, ihr jungen Männer, und wandert mit dem Mund über den ganzen Körper von Freundin oder Ehefrau. Dabei kann jeder so gewagt vorgehen, wie es ihm gefällt. Man kann an Hals und Schultern entlanggleiten und den ganzen Weg über küssen. Dann die Beine hinunter, um ein paar klitzekleine Küsse auf den winzigen Zehen anzubringen, und dann geht es wieder den ganzen Weg zurück. *Mmmmm, Schmatz!*

Feinere Spielarten des Wanderkusses

Wenn man die längeren Partien erst mal beherrscht (beispielsweise einen ganzen Arm hinunter), ist man für die kleinen, subtilen Variationen gerüstet. So kann man etwa bei einem normalen

Lippenkuß den Mund langsam von einer Seite zur anderen gleiten lassen. *Was macht der Typ da eigentlich?* Lassen Sie es schön langsam angehen und genießen Sie den Mund Ihrer Freundin erst von dem einen Mundwinkel her und dann von dem anderen.

Die Psychologie des Wanderkusses

Manche Lebewesen, darunter auch Pferde und Menschen, regredieren in ein früheres Entwicklungsstadium, wenn sie lieben, und das ist der Grund, weshalb Liebende einander oft »Baby« nennen. Diese Tatsache kann Ihnen dabei helfen, ein besserer »Wanderküsser« zu werden. Sie sollten das Küssen nicht als ernsthafte Beschäftigung für Erwachsene ansehen; betrachten Sie es lieber als ein kindliches Spiel. Wenn Sie einjährige Kleinkinder beobachten, werden Sie einiges darüber lernen, wie oral ein Mensch sein kann. Waren wir zu dieser Zeit unserer Entwicklung *tatsächlich* so? Natürlich waren wir das, aber mehr noch: Auf irgendeiner tiefen Ebene sind wir es *immer noch*; und wenn man seinen Freund oder seine Freundin dazu bringt, diese kindhafte Seite des Wesens offen zu zeigen, wird es gelingen, bei Mann und Frau das volle erotische Potential von der Leine zu lassen. Also, keine Angst: *wandern Sie!*

Für den Wanderkuß geeignete Körperteile

Es gibt Menschen, die an den unwahrscheinlichsten Körperstellen geküßt werden wollen. Hier einige Vorschläge, wie sie sich aus meiner Untersuchung ergeben haben. Probieren Sie es mal aus:

- »Ich mag es, in der Armbeuge geküßt zu werden.«
- »Meine Schultern!«
- »Zwischen den Fingern ist es schön. Den Zehen auch!«
- »Ich mag es sehr, direkt in der Achselhöhle geküßt zu werden.«

Der nasse Kuß

Stellen Sie sich die typische Mutter eines Kleinkindes vor; das Baby sabbert fast den ganzen Tag. Falls Sie je ein Baby betreut haben, wissen Sie, wovon ich spreche. Und seien wir ehrlich: Es ist nicht gerade appetitlich. Dauernd spuckt das kleine Wesen Spinatbrei oder eine rätselhaft gelbe Brühe aus und lacht, bis ihm etwas Gelblich-Weißes über Mund und Kinn läuft. Verblüffend daran ist, daß... *dem Kind das nichts ausmacht!* Für Kleinkinder ist alles, was aus dem Mund kommt, in Ordnung.

Und genau *das* ist die richtige Einstellung, wenn es ernsthaft um nasse Küsse geht. Sie müssen Ihre anerzogenen Hemmungen sausen lassen und den Abscheu vor Dingen überwinden, die sich in Ihrem Mund oder dem Ihres Partners befinden. Sie müssen sich in eine Zeit zurückversetzen, in der Sie dieses Gesabber liebten. Eine Methode dazu ist, sich wie ein Baby zu verhalten: Kleinkinder sind nämlich so oral veranlagt, daß es einen Don Juan eifersüchtig machen könnte. Eine andere Methode: Nennen Sie es nicht Spucke. Nennen Sie es Speichel. Noch besser: Erfinden Sie einen eigenen Namen dafür – Mundtau, Götternektar, Zungenfeuchte.

Damit zum nassen Kuß, den es in zwei Geschmacksrichtungen gibt. Bei der ersten Spielart befindet sich der Speichel auf den Lippen. Die meisten Menschen lecken sich unbewußt die Lippen, wenn sie jemanden sehen, den sie gern küssen würden. Sie sollten sich also geschmeichelt fühlen, wenn Ihr Freund oder Ihre Freundin feuchte Lippen hat. Versuchen Sie, einen Appetit auf den Speichel Ihres Partners zu entwickeln, und Sie werden feststellen, daß Sie erheblich toleranter werden. Bei der zweiten Form des nassen Kusses befindet sich die Feuchtigkeit sozusagen innen, und Sie werden ihr bei Lippenküssen aller Art begegnen. Das bedeutet nichts anderes, daß Sie beim Küssen plötzlich auf und zwischen den Lippen Ihres Partners auf eine Menge Nässe stoßen werden. Seien Sie darauf vorbereitet und lassen Sie sich dadurch in Ihrem Eifer nicht stören. Und wenn eine Beziehung intensiver wird, sollten Sie sich darauf einstellen, daß die Küsse noch nasser werden. Werfen Sie Ihre Hemmungen über Bord und genießen Sie. Nasse Küsse sind okay!

Mögen Sie sowohl nasse als auch trockene Küsse?

FRAUEN:
»Nasse viel mehr als trockene.«

»Trocken ist besser, aber ich mag beides.«

»Trockene Küsse sind etwas für Verwandte und Freunde oder für einen schnellen Abschiedskuß auf dem Parkplatz, wenn mein Mann und ich zur Arbeit fahren. Für Liebende aber sind nasse Küsse am besten. Geschlabber allerdings mag ich nicht!«

»Trocken ist besser. Ein bißchen Feuchtigkeit ist schön, aber wenn es trieft, mag ich es nicht.«

»Naß ist besser, aber bitte kein Geschlabber. Ich mag es gar nicht, wenn man mir den Mund ableckt.«

»Für den Anfang mag ich trockene Küsse, aber später müssen es nasse sein. Wenn man nur seine Zuneigung ausdrücken will, sollte ein Kuß nicht zu feucht sein. Naß bitte nur, wenn es richtig zur Sache geht.«

MÄNNER:
»Am liebsten fast trocken, nur ein bißchen feucht.«

»Ja, natürlich, naß und ein bißchen schlabberig habe ich es am liebsten.«

»Nasse Küsse sind die besten, und was wir da schmecken, ist wirklich süßes Wasser.«

Der Unterwasserkuß

Einer der bei beiden Geschlechtern beliebtesten Küsse ist der Unterwasserkuß. Viele Männer sagen, sie mögen es, unter der Dusche zu küssen, und fast alle befragten Männer mochten auch das Küssen unter Wasser in einem Swimmingpool oder am Strand. Doch auch bei Frauen wird der Unterwasserkuß als Favorit genannt. Eine junge Frau beschrieb mir ihre Erfahrungen mit dem Unterwasserküssen in aller Welt, die sie während ihrer Dienstzeit als Marinetaucherin gemacht hatte.

»Als ehemalige Taucherin und Rettungsschwimmerin habe ich mit meiner Taucherausrüstung schon vor Hawaii, den Midways, Japan, den Philippinen, Guam, Australien und vor den Küsten Mexikos und Kaliforniens im Meer geküßt. Mein Freund und ich übten, tief Luft zu holen, die Sauerstoffzufuhr abzustellen und uns unter Wasser zu küssen. Mit einem Schnorchel geht es sogar noch leichter. Man nimmt einfach nur das Mundstück heraus und küßt sich unter Wasser, indem man den Mund zu einer Art Saugglocke formt.«

Wie man unter Wasser küßt

1. Holen Sie tief Luft.
2. Halten Sie den Atem an und tauchen Sie gleichzeitig mit Ihrem Partner unter.
3. Tauchen Sie mit offenen Augen, damit Sie sehen können, wie nahe Sie Ihrem Partner sind.
4. Vielleicht halten Sie sich aneinander fest, damit Sie nicht auseinandertreiben. Bringen Sie sich oder ziehen Sie sich nahe an das Gesicht Ihres Partners heran und berühren Sie dessen Lippen.
5. Küssen Sie drauflos, wobei Sie gelegentlich ausatmen und, falls nötig, Wasser aus dem Mund ausspeien.
6. Schließen Sie den Mund, wenn Sie den Kuß beenden wollen.
7. Tauchen Sie auf und wiederholen Sie das Ganze.

Mögen Sie Unterwasserküsse am liebsten im Meer, im Pool, unter der Dusche oder in der Wanne?

FRAUEN:

»Es fällt mir schwer, unter Wasser die Luft anzuhalten, aber ich habe es versucht. Im Meer kann ich mich wegen der Brandung schwer konzentrieren.«

»Im offenen Meer noch nicht (allerdings haben Sie mich jetzt auf eine Idee gebracht!), aber in einem Swimmingpool habe ich es schon probiert. Dabei stört mich allerdings der Chlorgeschmack des Wassers. Unter der Dusche oder in der Wanne ja, aber nicht allzu lange, da es mich sehr erregt und ich meinen Freund dann nur noch aufs Laken ziehen möchte.«

»Ja – unter Wasser – das bringt mich zum Lachen, und so ist es für mich mehr ein Spiel.«

»Unter Wasser habe ich noch nie geküßt, aber unter der Dusche und beim Schwimmen im Meer. Küssen unter der Dusche ist besonders schön, wenn einem dabei warmes Wasser übers Gesicht läuft.«

»Nur in der Badewanne und unter der Dusche. Unter der Dusche, das war toll. Überall sprudelndes Wasser, und die Küsse waren auch nicht von Pappe.«

»Wenn man sich unter der Dusche küßt, während das Wasser ständig an einem herunterströmt, vermischen sich Wasser, Speichel und Schweiß, und das macht alles sehr angenehm.«

»Unter der Dusche gefällt es mir sehr. Mit all dieser Nässe kann es sehr schön sein. Allerdings scheinen Männer das aufregender zu finden als ich.«

»Ich mag es, mit meinem Freund unter der Dusche zu stehen, ihm die Haare zu waschen und mich dann gegen die kalte gekachelte Wand zu lehnen und dabei ganz lange zu küssen.«

MÄNNER:
»Wann immer ich mit einer Frau am Strand verabredet war, haben wir es getan. Diese Küsse dauern nicht so lange, weil man die Luft anhalten muß. Also muß man tief Luft holen...«

»Wenn ich mit meiner Freundin unter der Dusche küsse, laufen mir Schauer über den Rücken.«

»Wir lieben es, uns unter der Dusche zu umarmen, zu küssen und gegenseitig zu liebkosen.«

Wem da nicht das Wasser im Mund zusammenläuft... Vergessen Sie aber nicht, die Luft anzuhalten!

Der Schmatz

Vor einiger Zeit wurde ich nachts durch seltsame Geräusche geweckt. Schmatzende, quietschende Laute. Ich blickte in der Dunkelheit zum Luftschacht hin, der uns manchmal Streiche spielt und uns glauben läßt, Geräusche in fremden Wohnungen kämen aus dem Nebenzimmer. Ich bekam sehr deutlich mit, was bei dem Pärchen über uns vorging.

Was zum Teufel ist da los? Ich richtete mich in der Dunkelheit auf. Dann hörte ich die Stimme einer Frau. »Oh«, sagte sie immer wieder. »Oh-oh-oh-oh.« Das ergab für mich keinen Sinn, und ich begann, den Architekten des Hauses zu verfluchen.

»Aufhören!« schrie ich. »Ruhe da oben!« Ohne jedes Ergebnis.

Die Geräusche gingen weiter. Und die Frau stammelte ihre Ohs! schneller als vorher weiter.

Plötzlich ging mir ein Licht auf, und ich war ziemlich beschämt, daß ich die beiden angebrüllt hatte.

Doch meine Nachbarn achteten ohnehin auf nichts, was um sie herum vorging. Es war ihnen offensichtlich egal, wer sie hörte, und auch Ihnen sollte gleichgültig sein, was die Nachbarn denken. Ob nun das Bett quietscht oder beim Küssen schmatzende Laute zu hören sind, es kann großen Spaß machen, die Musik der Leidenschaft zu machen und auch zu hören. Sollte es Sie also je in Verlegenheit gebracht haben, daß Sie beim Küssen Geräusche machen, werfen Sie all das getrost über Bord! Drei Viertel der von mir befragten Männer und Frauen genießen die natürlichen Geräusche des Küssens sogar und halten die Schmatzlaute für erotisch und stimulierend. Zwanzig Prozent der Befragten mögen es, beim Küssen kleine Ohs und Ahs auszustoßen, wenn dabei auch der Partner lustvolle kleine Laute von sich gibt. Manche mögen natürliche Kußlaute; andere ziehen übertriebene Geräusche vor. Sie können experimentieren und Ihren Stil variieren, bis Sie und Ihr Partner die Geräusche gefunden haben, die Ihnen am besten gefallen.

Mögen Sie die Geräusche, die beim Küssen entstehen?

FRAUEN:

»Ich mag die Laute von Mund, Zähnen, Zunge und Speichel und auch die Laute, die auf unsere Erregung zurückzuführen sind. Sie steigern die Intensität beim Küssen.«

»Ich mag das Geräusch, das intime kleine Küsse machen, aber keine dicken Schmatzer, bei denen geschlabbert wird oder ich gar Haare in den Mund kriege.«

»Ich mag die Kußlaute zusammen mit Stille oder natürlichen Hintergrundgeräuschen: Windbrausen, Vogelgezwitscher, Verkehrslärm in der Ferne, spielende Kinder und so weiter.«

»Manchmal machen wir sie absichtlich.«

»Ich finde sie in Ordnung – stören mich nicht. Manchmal machen wir absichtlich etwas mehr Lärm.«

»Wenn wir allein sind, ist die Antwort ein großes JA – es macht mich ganz schön an.«

»Ja, wenn sie sich zufällig ergeben und nicht mit Absicht übertrieben werden.«

»Ja, ich liebe das. Die Geräusche machen mich ganz schön scharf.«

»Ich mag die Geräusche, wenn *ich* sie mache – anderen Paaren zuzuhören, gefällt mir ganz und gar nicht.«

Der Kuß zum Anmachen

»Man sollte mit einem wirklich guten Kuß anfangen und sich dann schnell zurückziehen.«

Wer in einer dauerhaften Beziehung lebt, wird den »Anmacher«-Kuß zum Bestandteil jeder Schmuserei machen wollen. Nach einiger Zeit kann das Küssen jedoch eine allzu ernste Angelegenheit werden, und selbst der bedächtigste und langweiligste Liebhaber wird seiner Frau oder Freundin irgendwann sagen, daß es höchste Zeit ist, etwas gegen die Monotonie zu unternehmen, die sich irgendwann unweigerlich bei ewiger Wiederholung der gleichen Küsse einschleicht. Der Anmacher-Kuß ist ein Kuß für Leute, die gern küssen, an den man sich halten sollte, wenn man alle anderen schon hinter sich hat, wenn Ihre Lippen sich wie Pappe anfühlen und Ihre Zunge trocken und erschöpft ist, wenn Sie kurz davor stehen, vor Verzweiflung in die Luft zu springen oder zu schreien: »Diese Küsserei ist weiß Gott nicht das, was die Leute immer von ihr behaupten!« Der Anmacher-Kuß bringt neuen Schwung, wenn das Schmusen in einer längeren Beziehung in Routine zu erstarren droht. Es ist ein spielerischer Kuß, der Sie beide zu neuem Leben erweckt und für Rhythmen und Wünsche Ihres Partners empfänglich macht.

Wie man es anstellt

1. Beginnen Sie mit ein paar Küssen, die Ihren Partner einen Rhythmus vermuten lassen, so daß er noch einen erwartet.
2. Unterbrechen Sie den Lippenkontakt und warten Sie darauf, daß Ihr Partner sich für den nächsten Kuß vorbeugt.
3. Timing ist jetzt das A und O. Wenn Ihr Partner sich vorbeugt, müssen Sie es auch tun, *aber Ihrer beider Lippen dürfen sich nicht berühren.* Wenn Sie sich vorbeugen, bringen Sie Ihren Partner dazu, es ebenfalls zu tun, und lassen ihn so vermuten, es ginge gleich weiter.
4. Kurz bevor Ihre Lippen sich berühren, ziehen Sie sich schnell zurück, aber gerade nur weit genug, daß Ihr Partner Sie nicht

wahnsinnig. Ich küsse ihn auf den Bauch, die Brust, den Unterarm und die Innenseiten der Schenkel.«

»Ich mache ihn an, indem ich ihn mit den Lippen ganz sanft berühre, vor allem dann, wenn ich weiß, daß er scharf aufs Küssen ist.«

»Ich habe meinen Freund schon mit einem Kuß angetörnt, weil er nicht mit mir ins Bett wollte, und manchmal küsse ich ihn leidenschaftlich, bevor er zur Arbeit geht, damit er den ganzen Tag an mich denkt.«

»Ich versuche immer mit Küssen anzumachen. Ich mag es, ihm die Lippen zu lecken oder ganz sanft mit der Zungenspitze über Lippen, Nase und Gesicht zu fahren.«

»Ich mag es, ihn mit Küssen anzutörnen, die auf der Stirn beginnen und dann langsam tiefer wandern. Ich bevorzuge ganz leichte, sanfte Küsse, die leicht kitzeln und prickeln. Das macht ihn verrückt!«

»Manchmal streckt mein Mann die Arme aus und bewegt sich schnell auf mich zu, als wollte er in meine Arme sinken, aber dann macht er blitzschnell einen Bogen und geht an mir vorbei.«

MÄNNER:

»Ich küsse sie, wenn ich weiß, daß wir nicht weitermachen können, etwa wenn sie zur Arbeit gehen muß.«

»Wenn ich küsse, ist das immer eine Anmache!«

Der Gegenkuß

Vor einiger Zeit konnte ich im Zug ein Liebespaar beobachten. Die junge Frau saß neben ihrem Begleiter und hatte ein Knie auf die Sitzfläche hochgezogen, so daß sie ihm ins Gesicht sehen konnte. Sie sah gut aus, hatte intelligente Augen, und ich fragte mich, warum sie sich so unbequem hingesetzt hatte. Als ihr Freund sie küßte, fand ich die Antwort. Sein Kuß war ein kurzer Schmatz auf die Wange, wie man ihn für das Küssen in der Öffentlichkeit aufhebt. Sie starrte ihn einen Moment verträumt an, beugte sich dann vor und küßte ihn auch, aber tiefer auf der Wange, fast unter dem Ohr. Als hätte er eine unausgesprochene Aufforderung erhalten, erwiderte er den Kuß. Ein paar Sekunden später beugte sich die junge Frau vor und begann, Wangen und Mund Ihres Freundes mit schnellen kleinen Küssen zu überschütten. Das waren klassisch erwiderte Küsse.

Dem römischen Dichter Ovid zufolge ist Liebe eine Form der Kriegführung, »*Militiae species amor est*«. Dieser Vergleich wird nur den schockieren, der sich die Liebe als ewiges Glück und ewige Seligkeit vorstellt, doch enthält Ovids Bemerkung eine Erkenntnis, die Ihnen dabei helfen wird, besser zu küssen. Ovid wollte damit zum Ausdruck bringen, daß ein Liebender oft Hindernisse überwinden muß, bevor er sein Ziel erreicht, so wie ein Soldat Widerstände überwinden muß, bevor er den Sieg erringen kann.

Es gibt jedoch noch grundlegendere Ähnlichkeiten zwischen Liebe und Krieg: Beide sind von vergleichbaren Taktiken abhängig. Eine der grundlegendsten Taktiken der Kriegführung ist die *Gegenoffensive*, bei der eine Armee gegen eine Streitmacht von Angreifern zurückschlägt. Wenn zwei einzelne Menschen gegeneinander kämpfen wie etwa beim Boxen, heißt die gleiche Taktik *Konterschlag*. Damit ist ein Schlag gemeint, den man dem Gegner verabreicht, nachdem man selbst einen hat einstecken müssen. Und bei der Liebe heißt diese Technik *Gegenkuß*. Wenn der Partner einen geküßt hat, erwidert man seinen Kuß. Wer es in dieser Technik zu voller Meisterschaft bringt, ist zu besserer Interaktion mit seinem Partner fähig als bei jedem anderen Kuß.

Dabei darf man jedoch eins nicht vergessen, daß nämlich ein Gegenkuß keine feindselige Handlung sein darf; er ist zwar nach der Gegenoffensive benannt, ist dafür aber eine Äußerung von tiefster Zärtlichkeit, von Zuneigung und Liebe.

Technik des Gegenkusses

1. Haben Sie Geduld. Warten Sie, bis Ihr Partner Sie küßt. Sie werden erst aktiv, wenn Sie selbst geküßt worden sind. Ein Gegenkuß kann schon nach dem Bruchteil einer Sekunde, aber auch nach sechzig oder mehr Sekunden erfolgen, nachdem Sie selbst geküßt worden sind. Er ist so etwas wie eine *Antwort* auf den Kuß, den Sie empfangen haben. Es kann so etwas wie ein nicht-verbaler Kuß-Dialog zwischen Ihnen und Ihrem Partner entstehen.
2. Beginnen Sie nachzudenken, sobald Ihr Partner Sie küßt. Was empfindet er? Sie sollten sich bemühen, möglichst schnell und sorgfältig die Stimmung Ihres Partners einzuschätzen, indem Sie genau registrieren, was den von Ihnen empfangenen Kuß auszeichnet. Das Geheimnis guten Küssens besteht darin, daß man sich genau bewußt ist, was für Küsse man empfängt, so daß man sie in angemessener Form erwidern kann. Eine junge Frau hat es so ausgedrückt: »Man muß *zuhören*, wie der Partner einen küßt.«
3. Nachdem Ihr Partner Sie geküßt hat, wird ein unsichtbares Band Ihre beiden Herzen verbinden, ein Band, das so machtvoll ist, daß es Sie beide unwiderstehlich zueinanderzieht. *Sie müssen sich jedoch zwingen, eine Pause zu machen, bevor Sie den Kuß erwidern.* Wenn Sie den erwarteten Kuß eine Weile zurückhalten, kann das zu einem angenehm verlockenden Spiel werden. Versuchen Sie, eine Minute oder länger zu warten, bevor Sie den Kuß Ihres Partners erwidern. In dieser Zeit sollten Sie ihm zulächeln, mit den Augen flirten und sich vielleicht sogar mit ihm unterhalten. Gerade wegen der Verzögerung wird das Band zwischen Ihnen immer stärker werden, und Sie werden eine lustvolle Anziehungskraft spüren, die Sie gleichsam magisch zueinander hinzieht, als flüstere Amor Ihnen ins Ohr: »Erwidere den Kuß... jetzt!«
4. Erwidern Sie den Kuß Ihres Partners mit einem Gegenkuß,

der sich leicht von dem unterscheidet, den Sie empfangen haben, denn bei der Technik des Gegenkusses ist Vielfalt das Salz in der Suppe.

Wie man den Gegenkuß variiert

So wie ein routinierter Gesellschaftslöwe immer wieder ein neues Thema in eine Unterhaltung einbringen wird, verändert der versierte Liebhaber Tempo, Geschwindigkeit, Dauer und andere Merkmale eines Kusses. Natürlich wird es manchmal notwendig und lohnend sein, einen Kuß, den man soeben empfangen hat, in allen Merkmalen nachzuahmen. So können Sie beispielsweise, wenn Ihr Partner scheu ist und Ihnen einen kleinen Kuß aufdrückt, zehn Sekunden warten – als wären Sie selbst schüchtern – und mit einem schüchternen kleinen Kuß antworten. Sie werden jedoch weit öfter den Wunsch haben, den empfangenen Kuß leicht zu verändern. Diese Variation beim Gegenkuß wird Ihren Partner überraschen und entzücken. Er wird sich fühlen, als hätte er im Briefkasten soeben einen Liebesbrief gefunden. Der Puls wird schneller, Herz und Sinne sind in höchster Alarmbereitschaft und warten auf das, was da kommen wird. Damit haben Sie etwas Neues in das Zusammensein eingeführt. Und genau dort beginnt das Vergnügen.

Wie man das Tempo variiert

Wenn Ihr Partner Sie langsam küßt, sollten Sie das durch schnelle Küsse erwidern. Und umgekehrt. Es wird Ihren Partner zum Nachdenken zwingen, wenn Sie etwas anderes machen als er. Manchmal wird er Ihnen kurze Küsse geben, vor allem morgens vor der Arbeit. Dann wird ein Kuß vielleicht nur ein oder zwei Sekunden dauern. Wenn Ihnen aber nach mehr zumute ist, können Sie seinen Kuß mit einem längeren erwidern. (Hinweise dazu auch im folgenden Kapitel über den langen Kuß.) Das kann zu einer ausgedehnten Schmuserei führen, die das Risiko birgt, daß Sie beide zu spät zur Arbeit kommen. Dafür werden Sie sich noch den ganzen Tag daran erinnern, wie Ihr Partner Sie verabschiedet hat.

Unsere Umfrage hat ergeben, daß manche Männer die Gewohnheit haben, ihre Frauen und Freundinnen mit einer Reihe flüchtiger kleiner Küsse zu überschütten. Es kann jedoch sein, daß eine Frau sich beleidigt fühlt, wenn sie diese oberflächlichen, hingehauchten Küsse empfängt, als wollte der Mann damit sagen: »Hier, nimm den, und da hast du noch einen!« Sie sollten sich Mühe geben, zwischen den Küssen mehr Zeit verstreichen zu lassen, und sich zurückziehen, wenn Ihr Partner Sie mit einer Maschinengewehrsalve kurzer Küsse attackiert. Manchmal sollten Sie diese schnellen Salven jedoch erwidern, was Ihren Partner überraschen und dazu bringen wird, Sie ernst zu nehmen und Sie auch ernsthaft *zu küssen.*

Wie man den zeitlichen Ablauf variiert

Sie sollten keine Angst davor haben, sich mit der Antwort auf den Kuß Ihres Partners ein wenig Zeit zu lassen. Das ist eine wundervolle Form des Flirtens. (Vgl. dazu auch das Kapitel über den »Anmacher«-Kuß.) Flirt und Anmache sind jedoch nicht die einzigen Gründe, mit einem Gegenkuß zu warten, wie die folgenden Antworten befragter Frauen verdeutlichen:

»Ich warte manchmal, bevor ich seinen Kuß erwidere. In dieser Zeit können wir Blicke wechseln und uns sozusagen ineinander spiegeln. Das ist mir schon passiert, wenn unsere Gesichter nur wenige Zentimeter voneinander entfernt sind. Dann habe ich das Gefühl, im Gesicht meines Freundes Menschen zu sehen, die ich gekannt und geliebt habe; beispielsweise Mutter und Vater, ehemalige Freunde, und so weiter.«

»Ich warte manchmal, bis ich einen Kuß erwidere, um den Kuß meines Freundes richtig zu genießen, oder ihn anzulächeln oder ihn anzusehen und zu sagen: ›Ich liebe dich.‹«

»Gelegentlich warte ich ein bißchen mit der Erwiderung seines Kusses, weil ich ihn dann gern ansehe und ihm vielleicht mit der Zungenspitze über die Nase fahre.«

Wie man mal mehr, mal weniger an sich selbst denkt

Geben wir's doch zu... manche Küsse sind egoistischer als andere. Natürlich ist es großartig, dem Partner gegenüber fürsorglich und einfühlsam zu sein, aber *mal* muß man auch an sich selbst denken. Manchmal wird Ihnen danach zumute sein, rücksichtslos zu küssen und sich nicht darum scheren zu müssen, wie sich Ihr Partner fühlt, während man zu anderen Zeiten vielleicht den Wunsch hat, mehr auf den Partner einzugehen und diesem einen möglichst großen Genuß zu bereiten, damit er oder sie alles bekommt, was er oder sie haben will. Und Sie sollten nicht überrascht sein, wenn Ihre Aggressivität und Ihr Egoismus Ihren Partner erregen. Eine Frau sagte mir einmal: »Den aufregendsten Kuß, den ich je bekommen habe, hat mir mein Freund gegeben, ein Polizeibeamter, der mich in der Herrentoilette der Polizeiwache so rücksichtslos küßte, als wollte er nur sich selbst zufriedenstellen. Er küßte mich mit einem solchen Hunger und solcher Leidenschaft, daß ich mich auch jetzt noch, nach zehn Jahren, daran erinnere.«

Variationen eines Themas

Versuchen Sie es mal mit den folgenden Vorschlägen, um Ihre Gegenküsse abzuwandeln:

- Wenn Ihr Partner Sie immer nur mit einem bestimmten Kuß bedenkt, sollten sie ihm mit einer Variation antworten. Wenn Sie trockene Küsse bekommen, sollten Sie mit nassen antworten. Wenn Ihr Partner Sie mit geschlossenem Mund küßt, sollten Sie Ihre Zunge spielen lassen. (Details finden Sie in dem Kapitel über den Zungenkuß.)
- Wenn Ihr Partner beim Küssen die Arme schlaff herunterhängen läßt, sollten Sie ihn umarmen und sich an ihn schmiegen.
- Wenn er mit flüchtigen Küssen beginnt, sollten Sie mit der Zunge ein paar Vorstöße wagen.
- Wenn Ihr Partner sehr intensiv küßt, müssen Sie das Spiel vielleicht mit ein paar schnelleren, trockeneren Küssen auflokkern. Meist wird es jedoch so sein, daß es weniger intensiv anfängt, um sich dann zu steigern.
- Lesen Sie einige Abschnitte dieses Buches über neue Küsse,

die Sie vielleicht ausprobieren wollen. Dann dürfen Sie aber nicht vergessen, diese Vorschläge in die Tat umzusetzen, wenn Sie mit Ihrem Partner zusammen sind. Nach und nach wird es Ihnen gelingen, Ihre Gegenküsse zu variieren und zu würzen. Ihr Partner wird angenehm überrascht sein, und er wird hoffentlich auch für Sie einiges parat haben, was Sie noch nicht kennen.

Der lange Kuß

Es war einmal eine schöne Prinzessin, die sich gelobte, sie werde nur dann heiraten, wenn der Kuß eines Freiers sie davon überzeuge, daß er in jeder Hinsicht zu ihr passe. Als der König davon erfuhr, ließ er verkünden, daß seine Tochter den ersten Mann heiraten werde, dessen Kuß sie wahrhaft genieße, aber um anstößige Annäherungen zu verhindern, ließ er hinzufügen, daß alle Freier, denen es nicht gelinge, seine Tochter zufriedenzustellen, sofort getötet werden würden.

Schon bald strömten entschlossene Männer aus dem ganzen Land zusammen, und jeder von ihnen wurde in die Kammer der Prinzessin geführt, wo man ihm erlaubte, sie einmal zu küssen. Den Mann, der ihre Stirn küßte, hielt sie für zu schüchtern. Der Mann, der ihr die Hand küßte, war in ihren Augen zu förmlich; der Mann, der ihr den Fuß küßte, kam ihr lächerlich vor; der Mann, der ihr die Zunge in den Mund steckte, zu kühn. Und alle diese Männer wurden auf der Stelle hingerichtet.

Voller Verzweiflung schickte der König Boten in die entlegensten Ecken des Königreichs, um weitere Männer mit neuen Arten von Küssen zu suchen. Am nächsten Morgen stand ein sehr häßlicher alter Mann als erster vor dem Schloß. Als er ihre Kammer betrat, schauderte die Prinzessin vor Entsetzen. Sie lehnte sich auf ihrem Bett zurück und dachte: »Wie immer er mich küßt, ich werde ihn ablehnen.«

Der alte Mann trat kühn vor und küßte sie. Sein Kuß währte so lange, daß die Prinzessin allmählich ganz benommen wurde. Sie wünschte, er würde aufhören, denn sie war schon völlig außer Atem, in ihrem Kopf wirbelte es herum, und ihre Nerven spürten eine seltsame Anspannung. Und dann hatte sie plötzlich das Gefühl, als könnte sie wieder atmen, obwohl er sie noch immer küßte. Der Kuß schien Stunden zu dauern. Die Sinne der Prinzessin waren schon ganz benommen, und sie spürte nur noch den Kuß, der wie ein sanftes Feuer in ihren Adern brannte. Sie konnten die Stimmen der anderen Männer vor ihrem Zimmer hören, doch sie machte keinerlei Anstalten, den Kuß zu beenden, denn irgend etwas hatte begonnen, ihr das Herz zu wärmen, und plötzlich erwiderte sie die Küsse des alten Mannes mit großer Leidenschaft; dabei kam es ihr keine Sekunde in den Sinn, daß sie auf natürliche Weise durch die Nase atmete. Schließlich wurde die Tür aufgerissen, und alle Fürsten und Herzöge stürmten herein.

Der alte Mann trat schnell zurück und bedeckte das Gesicht mit seiner Kapuze.

»Du bist schon den ganzen Morgen hier gewesen«, klagten die anderen Männer.

»Fragt die Prinzessin jetzt nach ihrer Antwort«, erwiderte der alte Mann.

Die Prinzessin war überrascht, denn in ihrem Herzen drängte sie etwas zu sprechen, und ohne nachzudenken hörte sie sich sagen:

»Er ist der Mann, den ich heiraten werde.«

Die Menge wich wie betäubt zurück. Und bei diesen Worten warf der alte Mann seine Kapuze ab, und siehe da, er hatte sich wie durch ein Wunder in einen gutaussehenden jungen Prinzen verwandelt. Alle Anwesenden rissen vor Verblüffung den Mund auf. Der Prinzessin traten Tränen des Glücks in die Augen. Und sie hielt Wort und heiratete ihn am nächsten Tag. Und wenn sie nicht gestorben sind, dann leben sie noch heute.

Die Moral dieser Geschichte ist einfach: Wagen Sie den langen Kuß, und Sie werden erleben, daß er Sie verwandelt. Im Krieg der Liebe ist er eine machtvolle Waffe, denn er bringt Sie für längere Zeit eng mit Ihrem Partner zusammen, und in dieser Zeit sind Sie zwei fast eine Person, die gemeinsam atmet. Dieser Kuß hat etwas an sich, was die Menschen auf seltsame und wundervolle Weise verwandelt.

Wie man den langen Kuß in sechs einfachen Schritten vervollkommnet

1. Küssen Sie Ihren Partner ganz normal auf die Lippen. Sie müssen mit den grundlegenden Dingen beginnen, und ein guter, solider Kuß ist die Grundlage dessen, was sich daraus entwickelt.
2. Bleiben Sie sozusagen am Ball, damit Ihre Lippen und die

Ihres Partners ständig Kontakt halten. Damit stellen Sie sicher, daß Sie sich gegenseitig den Mund versiegeln.

3. Ziehen Sie den Kuß in die Länge, bis Sie sich leicht außer Atem fühlen. Ein Teil des Vergnügens, das dieser Kuß bereitet, beruht auf dem leichten Gefühl der Atemlosigkeit, das sich kurz nach Beginn einstellt.
4. Atmen Sie jetzt durch die Nase ein. Dieser Schritt ist am schwierigsten zu bewältigen. Wenn es Ihnen unmöglich ist, durch die Nase zu atmen, müssen Sie den Kuß abbrechen und noch einmal von vorn beginnen. Machen Sie am Tage Atemübungen, halten Sie den Mund geschlossen und atmen Sie nur durch die Nase ein und aus. Üben Sie weiter, bis Sie eine ganze Minute lang durch die Nase atmen können, ohne dabei den Mund zu öffnen.
5. Hören Sie sich das Geräusch an, das Ihr Partner beim Atmen macht. Das ist eine weitere Freude, die der atemlose Kuß bietet. Da Sie während des Kusses beide nur durch die Nase atmen, hören Sie beide das Atmen des anderen, und das wird Ihnen einiges über den Seelenzustand des Partners verraten.
6. Sollte es nötig sein, können Sie schlucken, aber Sie dürfen dabei den Lippenkontakt nicht unterbrechen. So können Sie diesen Kuß ohne jede Unterbrechung über Minuten ausdehnen.

Was beim langen Kuß empfehlenswert ist und was man lieber lassen sollte

EMPFEHLENSWERT:

- Schmiegen Sie sich während des Kusses an Ihren Partner und umarmen Sie ihn.
- Zwischendurch sollten Sie passiv werden und nur darauf achten, daß Ihre Lippen den Kontakt mit denen des Partners behalten. Mit anderen Worten: Stehen Sie beide einfach nur zusammen, ohne daß Ihre Lippen sich trennen. Ich gebe zu, daß sich das vielleicht langweilig *anhört*, doch ich garantiere, daß Ihr Tag gerettet sein wird! Sie werden das Gefühl haben, als würde man Ihnen Stromstöße durch die Nerven jagen, und es wird am ganzen Körper prickeln.
- Gewöhnen Sie sich allmählich daran, über längere Zeiträume

zu küssen. Dieser Kuß bietet eine einzigartige Gelegenheit zu ununterbrochenem und beständigem Mund-zu-Mund-Kontakt mit Ihrem Partner.

- Kombinieren Sie diesen Kuß mit dem Zungenkuß und anderen Kußformen. Einer der Vorzüge des langen Kusses besteht darin, daß er mit so gut wie jedem anderen Kuß kombiniert werden kann. Und indem man diese Technik mit anderen Küssen verbindet, können Sie Ihre Lieblingsküsse praktisch unbegrenzt fortsetzen.
- Wie die im ersten Kapitel beschriebenen Schimpansen sollten Sie von Zeit zu Zeit ein leichtes Keuchen hören lassen.

WAS SIE VERMEIDEN SOLLTEN:

- Geraten Sie nicht in Panik. Manche Menschen bekommen es bei langen Küssen mit der Angst, weil sie das Gefühl haben zu ersticken. Denken Sie einfach nur daran, durch die Nase zu atmen, und die Panik wird sich gleich wieder legen.
- Verzichten Sie auf diesen Kuß, wenn Sie erkältet sind oder eine Allergie haben. Wenn Ihre Stirnhöhlen vereitert sind und die Nase verstopft ist, kann es Ihnen nicht gelingen, durch die Nase zu atmen.
- Atmen Sie nicht zu stark. Manche Menschen werden bei diesem Kuß so erregt, daß sie schneller zu atmen beginnen. Dieses übermäßige Atmen führt dem Blutkreislauf zuviel Sauerstoff zu, was Sie benommen machen kann. Entspannen Sie sich, genießen Sie den Kuß und atmen Sie normal durch die Nase.
- Sie sollten es vermeiden, keuchend nach Luft zu schnappen, wenn Sie den Lippenkontakt unterbrechen.

Der längste Kuß, den *Das Guinness Buch der Rekorde* verzeichnet, dauerte verblüffende 417 Stunden. Obwohl Sie es nicht nötig haben, unbedingt neue Weltrekorde aufzustellen, sollten Sie nicht vergessen, daß längere Küsse meist viel erotischer sind als kürzere. Es wird Ihren Partner entzücken, wenn er herausfindet, daß er statt des erwarteten kurzen Kusses einen langen und tiefen erhält. Und wenn es Ihnen gelingt, vier oder fünf Minuten lang ununterbrochen zu küssen, haben Sie damit 95 Prozent Ihrer Freunde und Nachbarn hinter sich gelassen. Umfragen haben ergeben, daß die meisten Menschen nur eine Minute lang küssen, bis sie den Lippenkontakt unterbrechen.

Wie lang sind Ihre längsten Küsse?

MÄNNER:
»Angefangen von einem hingehauchten Kuß bis zu ein paar Minuten ohne Unterbrechung.«

»Etwa fünfundvierzig bis sechzig Sekunden. Meist sieben bis zehn Sekunden.«

»Ich würde schätzen, etwa eine Minute, ein schöner langer Kuß.«

»Ein paar Minuten.«

»Drei Minuten.«

»Eine lange Zeit.«

FRAUEN:
»Bis ich außer Atem bin.«

»Mein bisher längster Kuß hat etwa eine halbe bis dreiviertel Stunde gedauert. Das war mit meinem ersten Freund. Ich mag Küsse, die länger als eine Minute dauern.«

»Vielleicht eine Minute? – Solange ich noch Luft bekomme und der Kuß nicht eintönig ist. Wahrscheinlich würde ich es jedoch vorziehen, mehrere Küsse aneinanderzureihen.«

»Meine längsten Küsse dauern vier bis fünf Minuten. Ich liebe lange Küsse! Die Dauer eines Kusses hängt von der Art des Kusses und unserer Stimmung ab. Das geht vom hingehauchten Kuß (eine Sekunde) bis zu Zungenküssen (vier bis fünf Minuten). Zungenküsse sind mir lieber, und die dauern bei mir auch länger als Küsse mit geschlossenem Mund. Ich würde sagen, daß die Durchschnittsdauer eines Kusses bei fünfundzwanzig Sekunden liegt.«

»Meist zwei oder drei Minuten pro Kuß. Je länger sie dauern, um so lieber mag ich es.«

Dauerküsse

Außer langen Küssen mögen viele Menschen langanhaltende Knutschereien. Die Dauer solcher »Sitzungen« kann sehr unterschiedlich sein. Manche Menschen langweilen sich beim Küssen relativ schnell, was vielleicht daran liegt, daß sie nicht sehr viele Kußformen kennen. Wer sich jedoch mit verschiedenen Küssen in diesem Buch vertraut macht, wird seine Kuß-Sitzungen so ausdehnen können, daß sie ganze Nachmittage dauern oder ganze Abende. Das sind Erfahrungen, die Sie nie mehr missen möchten...

FRAUEN:

»In meinen Augen ist es reine Zeitverschwendung, wenn man nicht mindestens zwanzig Minuten lang küßt.«

»Manchmal dauert das Küssen (nur das Küssen) ein oder zwei Stunden, und am Ende schlafen wir miteinander. Zu anderen Zeiten küssen wir uns die ganze Nacht und schlafen erst am Morgen miteinander.«

»Zehn bis fünfzehn Minuten schaffen wir leicht – voll angezogen. Wenn wir nackt sind, ist es weniger. Ich mag lange Küsse an Orten, an denen es zu mehr nicht kommen *kann.*«

»Wir küssen uns nur selten längere Zeit – meist zwei Minuten –, und das Küssen führt nicht immer dazu, daß wir miteinander ins Bett gehen. Wir küssen uns oft, wenn wir noch angezogen sind, mögen es aber beide entschieden lieber, ohne Kleider zu küssen.«

»Mein Mann und ich küssen uns meist nur etwa zwei bis fünf Minuten, bevor wir miteinander schlafen.«

»Ich weiß zwar nicht genau, wie lange, aber ich weiß, daß ich es liebe, stundenlang zu knutschen.«

»Ich mag es, dreißig Minuten bis zu einer Stunde oder so zu küssen.«

»Ich habe schon Marathon-Knutschereien erlebt – vier Stunden etwa. Das war kein einzelner, langgezogener Kuß, sondern eine Zeit mit vielen intensiven Küssen. Ich genieße das, solange es nicht zur Routine wird.«

»Wir küssen uns manchmal stundenlang.«

»Es hängt sehr viel von den Umständen ab. Wenn wir im Bett liegen, können wir uns stundenlang küssen.«

»Unsere Küsse dauern meist nur ein paar Sekunden (a), wenn wir uns leidenschaftlich küssen, (b) weniger als eine Minute, wenn wir zwar gern bei der Sache, aber weniger Zeit haben, oder (c) wenn wir miteinander schlafen, etwa fünfzehn bis zwanzig Minuten, und dann gehört es zum Liebesspiel.«

»Ich habe schon Küsse erlebt, die der Anfang von Marathon-Küssereien waren. Ein Freund und ich fingen mal um neun Uhr abends an und dann küßten wir uns die Nacht hindurch bis drei Uhr morgens.«

»Ich habe mal einen Freund rund sieben Stunden lang geküßt – es war kein Vorspiel, sondern nur so zum Spaß. Das war toll!«

Der Kuß in der Öffentlichkeit

Die Leute gehen vorbei, sehen hin, manchmal bleiben sie sogar stehen und starren und gehen erst dann weiter. Aber das nehmen Sie kaum wahr, denn Sie sind mit den Gedanken ganz woanders, nämlich irgendwo an einem weißen Sandstrand, wo die Palmen sich sanft im Wind wiegen und wo die Küsse immer süß schmekken. Die Leute, die an Ihnen vorbeigehen, während Sie sich in der Öffentlichkeit küssen, machen Ihnen gar nichts aus; sie sind wie Schatten an einem heißen Sommertag, an dem kein Wölkchen den Himmel trübt und Sie keinerlei Sorgen haben. Die Menschenmenge scheint mit dem Hintergrund zu verschmelzen, und alles, was übrigbleibt, ist das köstliche Gefühl, auf einem Bürgersteig, in einem Einkaufszentrum oder am Strand unter lauter Menschen zu küssen.

Der Kuß in der Öffentlichkeit ist in den USA sehr beliebt: Rund 90 Prozent der von uns Befragten erklärten, es mache ihnen Spaß, vor anderen Leuten zu küssen. In Europa scheint das noch beliebter zu sein. Wie eine junge Frau sagte: »Wir sollten so an diesen Kuß herangehen, wie es die Franzosen und andere Europäer tun. Französische Mädchen küssen sich oft in der Öffentlichkeit, auf der Straße, im Park oder auf einem Platz. Kein Mensch denkt sich etwas dabei.« Befragungen von Menschen, die Frankreich besucht haben, haben tatsächlich ergeben, daß dort mehr in der Öffentlichkeit geküßt wird als irgendwo sonst in der Welt.

Dabei verlangt das Küssen in der Öffentlichkeit nicht allzuviel Mut. Meist wird sich kein Mensch einmischen, obwohl es Passanten gibt, die mal kurz über die Schulter blicken, um zu sehen, was Sie da tun.

Es gibt viele gute Gründe dafür, sich in der Öffentlichkeit zu küssen. Hier nur einige davon:

- Sie können es nicht abwarten, in die eigenen vier Wände zu kommen.
- Sie verabschieden sich am Bahnhof oder am Flughafen.
- Sie möchten gern Ihre Zuneigung zeigen, und es ist ihnen egal, wer dabei zusieht.

- Sie sind auf einer Party, und andere Gäste knutschen herum, so daß auch Sie angesteckt werden und es ebenfalls tun.
- Sie sind im Grunde ein Exhibitionist und lieben es, beim Küssen ein Publikum zu haben.

Wie man in der Öffentlichkeit küßt

1. Vergewissern Sie sich, daß Sie an einer Stelle stehen, wo andere Leute Sie nicht anrempeln können. Auf einem Bürgersteig sind die beiden besten Standorte direkt neben einem Gebäude oder gleich neben dem Rinnstein.
2. Werfen Sie schnell einen Blick in die Runde, um sicherzugehen, daß niemand Sie anrempelt.
3. Treten Sie ganz nahe an Ihren Partner heran.
4. Wenn Ihr Partner den Eindruck macht, als wäre er nicht sofort zum Küssen bereit, sollten Sie ihn darauf vorbereiten, was Sie vorhaben. Auf einer Bowlingbahn voller Menschen sagte eine junge Frau kurz vor Weihnachten einmal einem jungen Mann, der grüne Hosen und eine rote Jacke mit Kapuze trug, sie wolle ihn küssen, da er Weihnachtsfarben trüge. Dann küßte sie ihn vor allen Leuten.
5. Küssen Sie Ihren Partner kühn und ohne jede Scham.

Dinge, die man beim Küssen in der Öffentlichkeit unbedingt vermeiden sollte

- Übertreiben Sie es nicht, damit sich eventuelle Zuschauer nicht belästigt fühlen.
- Seien Sie aber nicht zu ängstlich.
- Verkünden Sie der Menge nicht, was Sie vorhaben.
- Entschuldigen Sie sich nicht. Warum sollten Sie? Irgendwann küßt praktisch jeder in der Öffentlichkeit.
- Nach dem Kuß sollten Sie Fremde weder angrinsen noch angaffen. Wenn die Leute Sie ansehen, ignorieren Sie sie einfach. Vielleicht schnappen die Fremden sogar das eine oder andere auf, was sie selbst einmal gut verwenden können, sollten sie in der Öffentlichkeit küssen.

Kommt es vor, daß Sie in der Öffentlichkeit küssen?

FRAUEN:

»Ich scheue mich nicht, meine Zuneigung öffentlich zu zeigen, und es macht Spaß, wenn einen andere dabei erwischen. Manchmal habe ich das Gefühl, als würde ich mich produzieren, manchmal glaube ich, dabei etwas Besonderes zu sein, und manchmal macht es mich verlegen. Ich achte darauf, wie mein Mann reagiert.«

»Ja, ich küsse gern in der Öffentlichkeit. Einmal holte mich mein Freund von der Arbeit ab. Er rannte gleich auf mich zu und gab mir einen Kuß. Ich gab ihm ein flüchtiges Küßchen. Er wollte einen längeren Kuß, und ich gab ihm zu verstehen, daß ich das nicht wollte. Mein Chef war im Zimmer. Die Arbeitszeit war zwar schon vorbei, aber trotzdem fühlte ich mich unbehaglich. Schnelle Küsse in der Öffentlichkeit mag ich ganz gern, obwohl ich davon phantasiere, meinen Freund in der Öffentlichkeit leidenschaftlich zu küssen. Leidenschaftliche Küsse sind für mich eine sehr private Angelegenheit. In einem Auto oder wenn ich sicher sein kann, daß niemand zusieht, küsse ich gern wild und leidenschaftlich.«

»Bevor ich von Frankreich in die USA auswanderte, habe ich oft in der Öffentlichkeit geküßt, auf Partys etwa, und mich dabei großartig gefühlt.«

»Ich ziehe diskrete, schnelle Küsse vor.«

»Nicht sehr oft, denn das Küssen in der Öffentlichkeit setzt einem Grenzen. Man kann nicht alles tun, was man will.«

»Ein bestimmter Mann packte mich in einem Restaurant (während wir bei einem Glas Wein saßen und die Spannung genossen, die sich zwischen uns aufbaute) und küßte mich sehr leidenschaftlich. Ich war verlegen und höchst erregt *zugleich*. Was mich so erregte, war die Tatsache, daß seine Leidenschaft stärker war als das Gefühl für unsere Umgebung.«

»Höchstens ein paar schnelle Begrüßungsküsse. Wenn ich mehr will, will ich Intimität, und dazu brauche ich eine private Atmosphäre. Ich schätze es auch nicht, anderen Menschen beim Knutschen zuzusehen.«

»An öffentlichen Orten, aber nicht in der Öffentlichkeit (mit der Ausnahme, daß ich bei Hochzeiten den Bräutigam küsse). Es hat mich sehr erregt, an einem öffentlichen Ort mal einen Kuß zu stehlen – heimliche Küsse sind sehr aufregend.«

»Ich bin dazu erzogen worden, öffentliche Zärtlichkeitsbezeugungen anderer nicht zu mögen, und folglich lasse ich es selbst nicht dazu kommen. Gelegentlich gebe ich einen flüchtigen Kuß.«

»Vor einigen Jahren ging ich aus beruflichen Gründen für drei Monate nach Frankreich. Mein heutiger Mann und damaliger Freund war mit mir zum Flughafen gekommen, um mich zu verabschieden. Er trug eine Sonnenbrille, um seine Tränen zu verbergen. Bevor ich ging, hatten wir einen langen romantischen Kuß. Das Gefühl hielt sich noch lange danach. Am Tag nach meiner Rückkehr fragte er mich, ob ich ihn heiraten wolle!«

»Ich bin dazu erzogen worden, in der Öffentlichkeit *niemals* Zuneigung zu zeigen. Trotzdem habe ich schon in der Öffentlichkeit geküßt.«

»Ich hätte keine Lust, mich öffentlich zur Schau zu stellen. Wenn man aber nach längerer Zeit seinen Freund wiedersieht, beispielsweise am Flughafen, wäre es völlig natürlich, in aller Offenheit und intim zu küssen. Ich mag es immer, in der Öffentlichkeit geküßt zu werden. Ich komme aus England, und dort geben wir uns eher einen Kuß, statt die Hände zu schütteln.«

»Wir gehen in der Öffentlichkeit nie in den Clinch, um uns zu küssen, aber flüchtige Küsse sind bei uns gang und gäbe.«

MÄNNER:
»Wenn man sich beim Tanzen in einem Tanzlokal langsam dreht und dabei schmust und küßt, das ist... mmmh.«

»Am Strand. Das war ein tolles Gefühl.«

»Ich küsse immer dann in der Öffentlichkeit, wenn sie es wünscht oder mich läßt, aber trotzdem muß ich vorsichtig sein. Sie mag es nicht, wenn die Leute sehen, daß sie mich küßt.«

»Ich habe schon in der Öffentlichkeit geküßt. Meist ist das Mädchen etwas verlegener als ich, aber ich vermute, daß es auch andersherum sein kann. Auf die Leute um uns herum habe ich nie geachtet, es ist mir nicht mal aufgefallen, ob sie stehenblieben und starrten. Im allgemeinen habe ich nichts dagegen, wenn sich andere Leute in der Öffentlichkeit küssen. Als ich in Frankreich war, habe ich das erheblich öfter gesehen als hier zu Hause.«

Der Hochzeitskuß

Ihr erster Kuß als Mann und Frau wird möglicherweise der wichtigste öffentliche Kuß Ihres ganzen Lebens sein. In diesem Moment sind vielleicht Hunderte von Menschen, Dutzende von Fotografen und die Augen der Geschichte anwesend. Das ist noch lange kein Grund, sich Sorgen zu machen oder die Nerven zu verlieren. Werfen Sie einen schnellen Blick in die Menge und geben Sie Ihrem Partner dann einen Kuß, wobei Sie allerdings folgendes beachten sollten:

- Machen Sie es zu einem Kuß für Sie selbst und die Gäste, die dabei zusehen. Der Kuß sollte lange dauern; Sie wollten den Fotografen die Chance geben, ihre Kameras richtig einzustellen und eine Menge Bilder zu schießen. Unterdessen küssen Sie munter drauflos.
- Männer sollten keine Angst haben, ihre Frau à la Hollywood nach hinten zu neigen.
- Frauen sollten sich zurücklehnen wie Scarlett O'Hara bei einem großen Auftritt.
- Wählen Sie den Platz für den Kuß vorher in aller Ruhe aus.
- Keine Zungenküsse – auf Fotos ist es sowieso nicht zu sehen, und außerdem bleibt keine Zeit, sich für einen Zungenkuß richtig aufzuwärmen.

»Es war alles andere als ein denkwürdiger Augenblick«, wie eine frischgebackene neunzehnjährige Ehefrau einmal sagte. »Er küßte mich, als wir aus der Kirche kamen, aber das hatte nichts besonders Romantisches an sich.«

Viele Leute sagen, ihr erster Kuß als Mann und Frau habe in höchst uninteressanter Umgebung stattgefunden. Um das zu vermeiden, sollten Sie sich vorher einen romantischen Ort aussuchen, an den Sie sich noch nach Jahren erinnern werden. Vielleicht sollten Sie sogar einen Berufsfotografen kommen lassen, um den Moment festzuhalten. Ihr Kuß sollte lang, tief und gefühlvoll sein, ein Kuß, der alle Ihre Gefühle ausdrückt.

Eine Frau, die ihren Hochzeitskuß auf einem Foto festhalten ließ, erklärte: »Dieses Bild faßte alles zusammen, was wir füreinander empfinden, und ist fast zu einem Maßstab geworden, an dem sich alle unsere weiteren Küsse messen lassen.«

Beim Kuß in der Öffentlichkeit gibt es noch etwas zu bedenken, was ich mir bis zum Schluß aufgehoben habe, und ich empfehle, daß Sie dieses Erlebnis mit Ihrem Partner oder Ihrer Partnerin teilen. Gehirnforscher versichern uns, daß alles, was mit Sexualität zu tun hat, einen lebhafteren und dauerhafteren Eindruck auf das Gedächtnis macht als normale Ereignisse. Wenn das wahr ist, bietet der Kuß in der Öffentlichkeit eine einzigartige Gelegenheit, mentale *Schnappschüsse* von Orten zu machen, die Sie einmal besucht haben. Jeder Kuß in der Öffentlichkeit sollte Ihnen alles einprägen, was mit Ihrem Partner zu tun hat, mit der Ungebung und Ihrer Stimmung. Es sollte so etwas wie ein Schlaglicht auf Ihre romantischen Erlebnisse werfen. Vielleicht werden Sie diese Küsse sogar planen wollen, so wie ein Fotograf ein Foto vorbereitet. Arrangieren Sie ein abendliches Treffen in einem Straßencafé, in einer Straße am Hafen, von wo Sie die einlaufenden Schiffe sehen können, oder treffen Sie sich an einem Frühlingsabend bei Sonnenuntergang auf einem Berggipfel, oder auf einer Waldwiese, wenn über Ihnen Vögel schweben und andere Liebespaare sich zum Picknick treffen. Und wenn Sie dann da sind, ignorieren Sie alle anderen Menschen und... küssen Sie sich! Weder Sie noch Ihr Partner werden diesen Moment je vergessen.

Der musikalische Kuß

Molly ist zweiundzwanzig Jahre alt und trägt einen »Walkwoman« (so nennt sie das Ding jedenfalls), wenn sie küßt, denn sie küßt gern... zu Musik. Sie steht an diesem Nachmittag vor der Bibliothek, wartet auf ihren Freund Richard und verkürzt sich die Wartezeit mit lauter Rock 'n' Roll-Musik aus dem Kopfhörer. Als sie unter den vielen Studenten Richards Bürstenhaarschnitt entdeckt (er überragt sie alle), beginnt ihr Herz wie eine Indianertrommel zu pochen, und sie dreht die Lautstärke herunter, damit sie seine Begrüßung hören kann, stellt das Gerät aber nicht ab. Dann sind die beiden hinter dem Bibliotheksgebäude allein, umgeben von sommerlichem Grün, und die Musik dröhnt ihr wieder ins Ohr.

In den getönten Glastüren sieht sie das Spiegelbild ihres gelben Walkman, den sie am Gürtel ihrer Shorts befestigt hat. Mit einer Hand sucht sie einen neuen Sender, schnappt Bruchstücke eines Songtexts auf, hört ein paar Fetzen Klassik und Popmusik, bis sie einen Song hört, der vor einigen Jahren sehr beliebt war, ein Liebeslied mit einem starken Beat, und als sie Richard beide Hände um die Hüften legt, küßt sie ihn zu diesem Song. Sie beobachtet, wie das rote Spiegelbild seines Hemds mit dem hellen Widerschein ihrer Beine in der getönten Glastür verschmilzt, während sie ihn küßt. Richard ist ein so süßer Bursche und küßt mit seinen zarten, sanften und doch fordernden Lippen einfach göttlich. Und als sich die Musik stärker bemerkbar macht, wiegt er sie in den Armen hin und her und küßt sie mit langen atemlosen Küssen, die ihr Schauer über den Körper jagen und ihr Blut pulsieren lassen, bis sie ganz benommen ist, bis ihre Nerven vibrieren und sie sie bis in die Zehen- und Fingerspitzen zu spüren meint. Eine Ohnmacht ist nahe. Und dann dröhnt ihr wieder die Musik in den Ohren, ein neuer Song über wahre Liebe, den sie sehr mag, er entführt sie, läßt sie über dem Boden schweben. Sie stellt sich auf die Zehenspitzen, um sich eng an Richard zu schmiegen und seinen Kuß zu erwidern; sie kriecht fast in ihn hinein, als würde sie von dem harten Beat in ihn hineingepreßt, in den süßen Richard mit seinem Bürstenhaarschnitt und seinen süßen Küssen, die nie zu enden scheinen. Ah, sie scheinen mit der Musik zu verschmelzen, sie geben ihr das Gefühl, als würde sie sich mal in sich selbst zurückziehen, mal irgendwo außerhalb ihrer selbst stehen, in einem fernen Land der Träume. Sie läßt sich in diesen Kuß hineinfallen wie ein Stein, der in einem Teich versinkt, sie ist blind und bewußtlos und irgendwie verwandelt, sie weiß, daß sie nie mehr die gleiche sein wird, nicht einmal dann, wenn der Song endet und sie die Augen wieder aufschlägt. Ein Teil von ihr wird sich für immer in diesem Kuß verlieren, in dieses tiefe Gewässer sinken, von deren Grund Richard sie ruft – Richard und die Musik, beide rufen aus ungeahnten Tiefen.

Der musikalische Kuß kann Emotionen freisetzen und Ihnen das Gefühl geben, romantisch und sexy zu sein. Er kann Stimmungen auslösen, von denen Sie meinen, Sie würden sie nie wieder erleben. Dazu ist allerdings das Bewußtsein nötig, wie sehr Musik Stimmungen beeinflussen kann, und man muß fähig sein, die durch die Musik beschworene Stimmung in den Kuß einfließen zu lassen. Ob es nun Blues oder Rock-Musik ist, die man in einem Walkman hört, Jazz oder Klassik auf einer Stereoanlage oder Country-Musik im Autoradio. Viele Liebespaare berichten, daß sie beim Küssen sehr gern Musik hören.

MÄNNER:

»Ich mag es, zu klassischer Hintergrundmusik zu küssen. Das ist sehr angenehm (für Bartók oder Ives gilt das allerdings nicht).«

»Wenn ich beim Küssen Musik aus meinem Walkman höre, ist das so, als wäre ich in einem Pink Floyd-Konzert.«

»Ich mag es, zu langsamen Liebes-Songs aus dem Walkman zu küssen.«

»Das einzige Problem beim Küssen mit meinem Walkman sind die Kabel, in die man sich manchmal verheddert, und außerdem kann ich nicht hören, was meine Freundin sagt.«

FRAUEN:

»Ja, es kann sehr viel Spaß machen und sehr sinnlich sein, wenn es die richtige Art Musik ist, mit Crescendi.«

»Ich kann manchmal härter küssen, wenn ich im Hintergrund einen lauten Schlagzeug-Beat höre.«

»Ich liebe es, in der Küche zur Musik Barbra Streisands zu küssen!«

»Sanfte, sinnliche Jazz-Vocals sind gut.«

»Beim Küssen mag ich langsame und sinnliche Musik ganz besonders, aber auch schnelle Musik mit einem guten Rhythmus. Sie kann aber auch süß und melodisch oder sentimental sein. Im Grunde mag ich dabei jede Art Musik.«

»Beim Küssen im Auto höre ich gern Musik.«

»Mein Mann und ich albern manchmal herum und bewegen unsere Zungen im Takt der Musik, die wir gerade hören.«

»Bevor man miteinander ins Bett geht, ist es manchmal schön, zu sanfter Musik zu schmusen und zu küssen. Ich mag es aber auch, beim Tanzen zu schöner Musik zu küssen.«

»Musik kann die Stimmung zum Küssen herbeizaubern, wenn sie vorher nicht da war. Und diese Stimmung kann dazu führen, daß man sich küßt.«

»Küssen zur Musik eines Walkman ist toll, weil das Verlangen größer wird, weil man mehr Gefühle hat. Man fühlt sich erregt, weil man die Musik im Körper spürt. Musik regt einen an.«

»Ich habe einmal mit einem Walkman geküßt, aber das hat mich nur abgelenkt. Solange mein Freund den gleichen Song eingestellt hatte, war es schön; aber dann stellte er einen anderen Sender ein, und ich hörte einen Liebessong und er Heavy Metal. Das hat mich ganz schön gestört.«

»Es kann sehr romantisch sein, wenn beide mit Walkman und Kopfhörer klassische Musik hören.«

»Ich finde es toll, beim Küssen Radiomusik zu hören, aber aus dem Walkman? Nein danke.«

Der Zählkuß

Einer der von uns Befragten, ein Mann Ende Zwanzig, küßte seine Freundin so viel, daß sie davon genug bekam. Ergebnis: Wann immer sie sich verabredeten, hatte er Angst, sie könnte ihn bitten, mit dem Küssen *aufzuhören.* »Ich habe einen unersättlichen Hunger auf Küsse«, wie er gesteht, »und ich versuchte ständig, mir eine Methode auszudenken, mit der ich sie dazu bringen konnte, mich für längere Zeit zu küssen.« Eine dieser Methoden war der Zählkuß. Sollten Sie sich in einer ähnlichen Lage befinden – wenn Sie etwa mehr küssen wollen als Ihr Partner –, können Sie diesen Kuß einsetzen, um sowohl mehr Küsse zu erhalten als auch die Kußzeit zu verlängern.

Technik des Zählkusses

1. Warten Sie, bis Sie spüren, daß Ihr Partner nicht mehr küssen mag.
2. Legen Sie fest, wie viele Küsse Sie Ihrem Partner noch geben wollen.
3. Sehen Sie sich schnell im Raum um und kramen Sie dabei in Ihrem Gedächtnis nach wichtigen Daten oder Zahlen (dem Alter Ihres Partners, einer wichtigen Jahreszahl aus der Geschichte, der Hausnummer Ihres Partners, den ersten drei Zahlen seiner Telefonnummer, und so weiter).
4. Sagen Sie Ihrem Partner, Sie würden ihm noch X Küsse geben und verbinden Sie die Zahl X mit der Zahl, die Sie im Zimmer gefunden haben oder an die Sie sich erinnern.
5. Legen Sie los. Küssen Sie nach Herzenslust und zählen Sie dabei stillschweigend mit.
6. Die ersten Küsse sollten Sie so schnell aufeinanderfolgen lassen, daß Ihr Partner denkt, Sie wären in kurzer Zeit fertig.
7. Die Zahl, die Sie gerade erreicht haben, sollten Sie Ihrem Partner von Zeit zu Zeit verkünden, sagen wir nach jedem zehnten Kuß. »Das war Nummer zehn, Liebling!... Zwanzig!... Das macht dreißig Küsse, Süße, jetzt kommen noch siebzig!...

Vierzig, mein Liebling; Geduld, gleich geht's weiter!...« Und so fort.

8. Nach den ersten schnellen Küssen können Sie das Tempo verlangsamen, um alles weitere zu genießen.

Hier ein Beispiel, wie es gemacht wird. Als der zu Anfang des Kapitels genannte junge Mann eines Nachmittags seine Freundin küßte, meinte er zu spüren, daß es ihr allmählich langweilig wurde, doch er wollte sie noch hundertmal mehr küssen. So begann er, im Gedächtnis zu kramen und sich im Raum nach bestimmten Zahlen umzusehen. Sie war vor kurzem zweiundzwanzig geworden, und er hätte ihr sagen können, daß er ihr zu Ehren dieses Tages zweiundzwanzig Küsse geben werde, aber die Zahl war ihm nicht hoch genug. Dann fiel ihm auf, daß sie eine Rundfunkstation mit der Frequenz 105 Megahertz eingestellt hatten, und so erklärte er, er werde ihr 105 Küsse geben, entsprechend der Frequenz dieses Senders. Sie glaubte nicht, daß er ihr 105 Küsse geben würde, und so wurde das Ganze zu einem vergnüglichen kleinen Spiel. So schaffte es der junge Mann, die »Sitzung« zu verlängern, die sonst viel früher zu Ende gegangen wäre, ohne daß er voll zufrieden gewesen wäre. Versuchen Sie es auch mal!

Der Überraschungskuß

Wissen Sie noch, wie Hannibal die Überraschungstaktik einsetzte, um die Römer zu schlagen? Er überquerte im Winter des Jahres 218 v. Chr. mit seinem gesamten Heer die Alpen, wobei er sogar Elefanten mitführte! Die römischen Verteidiger waren so überrascht, daß der große Stratege ihnen eine vernichtende Niederlage beibrachte. Ihre Freundin, die Ihren Überraschungskuß nicht erwartet, wird ebenso fallen wie die Römer bei Cannae. So werden Sie in der Schlacht der Liebe den Sieg erringen. Sie sollten sich das Motto »Ich bin der Hannibal der Liebenden« zu Herzen nehmen und jedes Hindernis überwinden, das der Romantik im Wege steht, denn ganze 85 Prozent der Männer und sogar 98 Prozent der Frauen lieben Überraschungsküsse.

Wie Überraschungsküsse gelingen

1. Warten Sie den richtigen Zeitpunkt ab. So wie Hannibal angriff, als niemand es für möglich hielt, sollten auch Sie Ihren Kuß ins Spiel bringen, wenn Ihre Frau oder Freundin es nicht erwartet: Vielleicht in Gegenwart anderer Menschen oder beim gemeinsamen Einkaufen.
2. Überraschen Sie Ihren Partner an einem Ort, an dem Sie normalerweise nicht küssen.
3. Setzen Sie Ablenkungsmanöver ein, um die Überraschung zu steigern. Erzählen Sie Ihrer Freundin, sie habe hübsche Ohrringe, und dann, während Sie so tun, als würden Sie sie näher betrachten, können Sie sie auf Hals und Schulter küssen.
4. Sie sollten keine Mühe scheuen, um sich für diesen Kuß in die richtige Position zu bringen. Und sollten Sie durch Regen und Schnee wandern und im Dunkeln einen langen Fußmarsch auf sich nehmen müssen, um sie abzufangen, wenn sie von der Arbeit kommt – tun Sie's!

Mögen Sie es, Ihren Partner mit einem Kuß zu überraschen – oder selbst überrascht zu werden?

FRAUEN:

»Ich mag es, ihn zu überraschen und auch selbst mit einem Kuß überrascht zu werden. Das ist eine unerwartete, aber auch höchst willkommene Geste der Zuneigung. Ich habe das Gefühl, etwas ganz Besonderes zu sein.«

»Ja, ich liebe beides. Ich schleiche mich von hinten an meinen Freund heran und küsse ihn auf den Nacken und auf die Wangen. Mitten in einer Unterhaltung habe ich es auch schon getan und auch selbst erlebt.«

»Obwohl ich Überraschungen im allgemeinen hasse, ist es schön, aus keinem anderen Grund geküßt zu werden als dem, daß einem in diesem Moment danach zumute ist – der Kuß sollte aber nicht zu lange dauern.«

»Wenn man seinen Partner noch nicht allzu lange kennt, kann man kaum wissen, wann der nächste Kuß kommt. Ein Freund von mir, den ich schon länger kenne, gab mir schnell einen Kuß, als er mich seinen Freunden vorstellte. Das gab mir ein wundervolles Gefühl.«

»Ja, manchmal, wenn ich gerade denke, daß er mit seinen Gedanken ganz woanders ist, kommt er plötzlich auf mich zu und küßt mich.«

»Eines Tages war ich allein in einer Boutique. Mein Freund sah mich, kam herein, schlich sich von hinten an und überraschte mich mit einem Kuß auf den Nacken. Das ist zwar schon zehn Jahre her, aber ich denke immer noch daran.«

»Es ist schön, unerwartet geküßt zu werden, wenn ich am Strand in der Sonne liege. Oder wenn ich schon halb eingeschlafen bin und mein Mann mich wecken will, um mit mir zu schlafen.«

»Im Fitneßcenter betrat mein Freund neulich einen Raum, der voller Frauen war, und küßte mich leidenschaftlich, als ich gerade dabei war, Beinhanteln zu stemmen. Dann kehrte er ganz cool zu seinen Gewichten zurück. Ich machte zwar mit meinen Übungen weiter, aber mein Herz pochte.«

»Ich liebe es, wenn er sich von hinten anschleicht, wenn ich in der Küche arbeite, und dann anfängt, mich auf den Nacken zu küssen.«

»Ja – jederzeit und überall – es ist die reine Magie...«

»Ich *liebe* es geradezu, mich an Menschen, die ich liebhabe, von hinten anzuschleichen, sie in den Arm zu nehmen und auf den Hals oder die Wange zu küssen! Ich liebe es auch, meinen Freund mit einem Kuß zu wecken – oder so geweckt zu werden.«

MÄNNER:

»Ja, wenn ich es am wenigsten erwarte, weil wir in einer Menschenmenge stehen oder weil es weder der typische Ort noch die gewohnte Zeit für einen Kuß ist.«

»Ja, und ihr beim Tanzen ›Ich liebe dich‹ zu sagen.«

»Ja, einfach nur um sie unvorbereitet zu überraschen und zu sehen, wie sie reagiert.«

»Ja, es ist das erste, was ich am frühen Morgen nach dem Aufwachen tue, um so meine Freundin zu wecken. Ich fange ganz langsam bei den Zehen oder sonstwo an, um am Ende auf den Lippen zu landen.«

»Ja, meist am Halsansatz. Aber auch ganz sanft auf die Lippen.«

»Wenn ich der Versuchung nicht widerstehen kann!«

»Ja, besonders ein sanfter Kuß hinter die Ohren oder auf den Hals.«

Der Vakuum-Kuß

Stellen Sie sich vor, Sie sitzen mit Ihrem Freund auf der Couch, aber keiner von Ihnen sieht fern. Sie haben eine neue Seidenbluse an, und er hat Ihnen an diesem Abend schon dreimal erzählt, daß Sie großartig aussehen. Schließlich beugt er sich vor, um Sie zu küssen. Nach ein paar Minuten sind Sie ernsthaft in den Clinch gegangen, und Sie beginnen mit einem langen Kuß, bei dem Ihre Lippen fest auf seine gepreßt sind. Langsam, spielerisch und fast ohne darüber nachzudenken, was Sie da tun, beginnen Sie, die Luft aus dem Mund Ihres Partners zu saugen. Was für ein Gefühl! Seine Lippen schmecken wie das Innere eines Pfirsichs, und während Sie seinen Atem tief in die Lungen ziehen, können Sie spüren, wie Ihrer beider Seelen verschmelzen. Dann beginnt er, Ihnen die Luft aus dem Mund zu saugen, und wenn der Moment gekommen ist, in dem Sie ihm alles gegeben haben, was Sie überhaupt an Atemluft haben, werden Sie das Gefühl haben, Ihrem Partner so vollständig und total zu gehören, daß Ihre Nerven vor schamloser Erregung vibrieren. Sie haben ihm erlaubt, Ihnen die Luft zum Leben zu rauben! Sie beide werden sich wie *ein* Lebewesen fühlen! Auf magische Weise miteinander verbunden! Und auf der anderen Seite haben Sie auch das Gefühl, etwas sehr Lasterhaftes und Schlechtes zu tun! Wenn Sie beim Vakuum-Kuß erst mal auf den Geschmack gekommen sind, wird er Sie immer mehr faszinieren, bis Sie ihn nicht mehr missen mögen.

Spielarten des Vakuum-Kusses

Bei einem doppelten Vakuum-Kuß versiegeln Sie und Ihr Partner sich gegenseitig die Lippen, während Sie einander gleichzeitig die Luft aus dem Mund saugen. Dabei kann es vorkommen, daß Ihre Wangen unter dem ungeheuren Druck sogar schmerzen. Im Verlauf dieses Kusses können Sie auch an der Zunge Ihres Partners saugen; alles, was er oder sie im Mund hat, ist Freiwild, das Sie in Ihren hineinziehen können. Mit der möglichen Ausnahme des Zungenkusses (vgl. das entsprechende Kapitel) wird Sie der Vakuum-Kuß mit versiegelten Lippen enger an Ihren Partner binden als jeder andere. Denn immerhin teilen Sie mit ihm dabei Ihre Atemluft – eine der Grundlagen des Lebens. Wenn es Ihnen gelingen sollte, den Zungenkuß mit dem Vakuum-Kuß zu verbinden… da tun sich ungeahnte Möglichkeiten auf, die einen erschauern lassen.

Beim umgekehrten Vakuum-Kuß berühren Sie und Ihr Partner nur die Lippen – Zunge oder Zähne spielen dabei keine Rolle – und blasen sich gegenseitig Luft in den Mund.

Beim Mund-zu-Mund-Vakuum-Kuß halten Sie Ihrem Partner die Nase zu und blasen ihm dann die Luft in die Lungen, als wären Sie dabei, Wiederbelebungsversuche zu machen.

Saugen Sie Ihrem Partner gelegentlich Luft aus dem Mund?

FRAUEN:

»Ich halte ihm die Nase zu und blase ihm Luft in den Mund, die ihm die Lungen füllt.«

»Das mache ich nur bei einem Mann, den ich wirklich gut kenne.«

»Ich bin seit einem Jahr verheiratet und küsse nur sehr selten so. Sich gegenseitig Luft aus dem Mund zu saugen, scheint mir etwas für frischgebackene Liebende zu sein, die mehr experimentieren.«

»Ja, aber er haßt das.«

»Ja! Ich blase ihm auch die Luft wieder zurück in seinen Mund. Manchmal berühren sich nur unsere Lippen – Zunge und Zähne bleiben unbeteiligt, und dann blasen wir uns gegenseitig Luft in den Mund.«

»Es war eine ungewöhnliche Erfahrung, daß mir die Zunge fast aus dem Kopf gelutscht wurde. Ich kann mich nicht so recht entscheiden, ob mir das gefällt oder nicht, weil ich wirklich beides empfinde. Es mag sein, daß es einem zunächst nicht gefällt, daß einem die Zunge so stark aus dem Mund gesaugt wird, aber hinterher vibriert die Zunge mit einem Prickeln, das eher angenehm ist.«

»Wenn es mit Gewalt geschieht, macht es überhaupt keinen Spaß. Wenn mein Freund aber behutsam vorgeht, kann ich es genießen.«

»Es ist ein seltsames Gefühl, aber ich mag es. Allerdings erfordert es einige Übung.«

MÄNNER:

»Es ist sehr aufregend, wenn meine Freundin das mit mir macht.«

»Es macht mich unheimlich an. Ich habe das Gefühl, als würde sie sich mir total hingeben, wenn wir die Luft so hin und her saugen, und ich kann dabei nicht denken. Ich liebe es einfach.«

»Der Vakuum-Kuß ist ein Muß! Man saugt seiner Freundin einfach die Luft aus dem Mund und beobachtet, was für ein komisches Gesicht sie macht.«

»Ich hasse es, wenn mir jemand die Luft aus dem Mund saugt. Man kann seiner Partnerin auch Luft in den Mund blasen. Es tut zwar weh, macht aber Spaß.«

»Es ist mal was anderes und sexuell erregend. Der Partner, der den Kuß empfängt, bekommt erst eine Menge Luft in den Mund, bis der Partner nichts mehr davon hat. Es ist wie ein feuchter, warmer Nebel.«

Der Parfumkuß

Es könnte sein, daß Sie diesen Kuß selbst schon entdeckt haben, ohne es genau zu wissen; vielleicht etwa so...

In der Nachmittagssonne blicken Sie prüfend in den Badezimmerspiegel und sehen nach, ob die Lockenschere ganze Arbeit gemacht hat, während Sie darauf warten, daß ihr Nagellack trocknet. Sie tragen blaue Baumwollhosen, eine topasgelbe Bluse, weiße Slipper und passende gelbe Socken. Sie sehen plötzlich auf die Uhr, rennen in das Zimmer Ihrer großen Schwester und fragen sie in Panik, ob sie Ihnen ein Parfum leihen kann. Sie zeigt auf eine bernsteinfarbene kleine Flasche mit einem Etikett, auf dem etwas in fremder Sprache steht. Ihre Schwester sagt Ihnen etwas, während Sie sich eilig aus der Flasche bedienen, ohne sich die Zeit zu nehmen, zu riechen oder ihr zuzuhören, und dann sind Sie schon auf und davon.

Sie sind schon aus der Tür und halb auf der Straße, wo Tommys Wagen geparkt steht, bevor der Duft Sie einholt. Moment mal! Der Duft steigt in langsamen, beharrlichen Wellen auf, und Sie wissen plötzlich, daß Sie zuviel genommen haben. Aber jetzt läßt sich nichts mehr dagegen machen. *Was hat sie gesagt? Es ist ein französisches Parfum und stärker als...* Dann sitzen Sie schon neben Tommy; er fährt dorthin, wo Sie am liebsten picknicken, und obwohl die Scheiben heruntergekurbelt sind, spüren Sie ständig diesen mit Holztönen vermischten Blumenduft. Was ist das nur für ein Zeug? Als Tommy anhält, erfüllt der Duft den ganzen Wagen, und Sie erstarren vor Schreck, als Sie bemerken, daß dieser Duft mehrere Schichten hat, köstliche Duftnoten von Holz, darunter ein schwerer Moschusduft, der wie der Refrain eines traurigen Songs in der Luft hängt. Tommy küßt Sie, und dabei scheint sich der Geruch zu verändern. Er vermittelt den Eindruck, daß die Luft so etwas wie Talkumpuder enthält. Tommy atmet den Duft tief ein und sagt, Sie röchen zum Anbeißen, köstlich, sexy, verdorben. Und das tun Sie tatsächlich. Plötzlich geben Sie sich Tommys Kuß hin, und der Parfumduft, der zunächst nur nach Moschus zu riechen schien, wird jetzt durchdringend; kaum wahrnehmbar beginnt der Geruch sich zu verändern und ähnelt jetzt den Ausdünstungen von Unterwäsche, die man mehrere Tage lang getragen hat. Tommy küßt Sie leidenschaftlich und heiß, und Ihre Sinne sind wie benommen, während Schicht um Schicht des benebelnden Dufts Ihnen in die Nase steigt und tief in Ihre Lungen eindringt. Darauf hat Ihre Schwester Sie nicht vorbereitet! Tommy küßt jetzt hartnäckiger als je zuvor. Seine Lippen wandern zum Halsansatz hinunter. Sie sind auf der Suche nach der Quelle dieses köstlichen, intimen Aromas.

So etwa verläuft der Parfumkuß, *ein Kuß, bei dem jeder sinnlich anregende Duft eine Rolle spielt.* Aber das ist nur der Anfang. Es ist ein Kuß mit so vielen feinen Varianten, wie es Düfte gibt. Trotzdem: Von den Tausenden von Düften, die der Mensch wahrnehmen kann, ist vielleicht keiner so erregend wie der Geruch von Haar oder Armen oder Hals Ihres Partners. Tatsächlich sind die leidenschaftlichsten Liebhaber der Geschichte diejenigen gewesen, die am empfindsamsten auf menschliche Gerüche reagiert haben. So liebte Kaiser Napoleon etwa den ungewaschenen Geruch seiner Frau so sehr, daß er ihr manchmal vom Schlachtfeld aus schrieb, sie möge eine Woche lang nicht baden, damit er bei der Rückkehr ihren natürlichen Körpergeruch genießen könne. Wenn Goethe auf Reisen war, hatte er immer das Leibchen seiner Liebsten mit, um an ihren Duft erinnert zu werden. Und als eine von H. G. Wells' Geliebten gefragt wurde, was ihr an dem übergewichtigen und unattraktiven Schriftsteller gefalle, erwiderte sie, er rieche nach Honig.

Viele Teilnehmer unserer Umfragen haben erklärt, der Geruch ihres Partners oder ihrer Partnerin sei oft das größte natürliche Aphrodisiakum, stärker als jedes Parfum. Daher überrascht es nicht, daß Parfumhersteller oft versuchen, menschliche Gerüche nachzuahmen und ihren Mixturen auch Tierdüfte beimengen, etwa Skunk, Zibetkatze und Moschus, um ihren Kreationen einen erotisierenden Unterton zu verleihen. Auch einige Pflanzendüfte sind sexuell stimulierend; der Geruch von Hefe, frischgebackenem Brot, von Bier, frischem Tabak und gemähtem Gras – all das sind sanfte Aphrodisiaka, die an einige natürliche menschliche Düfte erinnern.

Bedauerlicherweise sind die meisten dieser Düfte für viele Menschen von heute ein Greuel. Es ist sogar schwierig, über dieses Thema zu sprechen, da die Sprache für die meisten Gerüche, die man wahrnehmen kann, keine Worte hat. Wenn man durch die Werbung jeden Tag daran erinnert wird, daß man Deos benutzen und alle natürlichen Körperdüfte beseitigen sollte, wird Ihnen allmählich die Botschaft eingehämmert, daß natürliche Gerüche etwas Schlechtes sind. Folglich werden Sie sich selbst und Ihren Partner durch gutes Zureden dazu bringen müssen, es mal mit dem Parfumkuß zu versuchen.

Wie man beim Parfumkuß vorgeht

1. Wenn Ihr Partner Parfum benutzt, atmen Sie es tief beim Küssen ein – vorher, mittendrin, aber auch danach.
2. Umarmen Sie Ihren Partner und atmen Sie den natürlichen Duft von Haar, Schweiß und Fleisch ein.
3. Wandern Sie mit Küssen über den ganzen Körper Ihres Partners, und wenn Ihnen unterwegs ein interessanter Geruch in die Nase steigt, halten Sie inne. Haben Sie keine Angst vor kräftigen Gerüchen, doch wenn Sie einem Duft begegnen sollten, der Ihnen nicht behagt, gehen Sie einfach zur nächsten Stelle weiter.
4. Wenn Sie auf einen Duft stoßen, der Ihnen *gefällt*, müssen Sie es Ihrem Partner sagen! Und dann weiterküssen.

Mögen Sie einen Menschen küssen, der Parfum trägt?

MÄNNER:
»Ja, wenn das Parfum diskret ist und nicht alles andere erschlägt.«

»Ja, es fügt dem Liebesspiel eine weitere Dimension zu. Ein starkes Parfum stößt mich ab. Wenn ich es gerade noch wahrnehmen kann, und zwar nur dort, wo es aufgetragen worden ist, steigert es den natürlichen Duft einer Frau, was mir meist gefällt.«

»Ich liebe ihren Geruch! Wenn ich sie küsse, bin ich manchmal wie ein Jagdhund, schnüffle überall herum und küsse sie am ganzen Körper. Wenn ich auf verschiedene Düfte stoße, ob sie nun natürlich oder künstlich sind, macht mich das an. Besonders gern rieche ich unter ihren Armen. Wenn sie manchmal für einige Zeit verreist, leiht sie mir eins ihrer seidenen Unterhemden, damit ich durch den Duft an sie erinnert werde. Ich hasse es, wenn sie ein Deodorant benutzt. Das tötet alles ab, was sexy riecht.«

»Ihr Parfum macht mich ganz benommen. Aber sanft und leicht muß es sein, dann ist es bestens.«

FRAUEN:

»Ich mag den natürlichen Körpergeruch meines Mannes.«

»Parfum kann manchmal die *Intensität* und die Art meines Kusses steigern. Es ist erregend, am ganzen Körper herumzuschnüffeln und bei einem bestimmten Duft innezuhalten. Das trifft auch auf natürlichen Körpergeruch zu. Ich habe eine sehr empfindliche Nase.«

»Ich liebe es, einen Mann zu küssen, der einen guten Duft trägt.«

»Der Geruch von Eau de Cologne kann manchmal erregend wirken, aber normalerweise *schmeckt* das Zeug lausig.«

»Ein schwacher Rasierwasserduft bei einem Mann kann sehr angenehm sein. Er muß jedoch schon fast verflogen sein. Er muß sich mit seinem eigenen Duft mischen, der hoffentlich toll ist.«

»Bei mir sind beim Küssen alle fünf Sinne beteiligt, und wenn ich einen Mann küsse, der ein gutes Wässerchen benutzt, ist das sehr erregend.«

»Deos, Talkumpuder und After Shaves mag ich eigentlich nicht. Der Geruch eines sauberen Mannes ist mehr als genug, um mich total wild zu machen.«

»Selbst wenn er nicht da ist und ich diesen Duft rieche, muß ich immer lächeln.«

Der Kuß mit verteilten Rollen

Stellen Sie sich vor, Sie wären Cleopatra, die Cäsar in dem großen Palast von Alexandria küßt. Schwaden exotischen Weihrauchs wabern durch die königlichen Schlafgemächer, die Strahlen der Morgensonne dringen durch die hohen Fenster, und Sie und den Herrscher des römischen Imperiums erwarten die seidenen Laken des Bettes. Zu was für Küssen wären Sie fähig, wenn Sie König und Königin des Reichs am Nil wären!

Oder stellen Sie sich vor, Sie wären eine Witwe im Wilden Westen des neunzehnten Jahrhunderts und stünden am heißen Nachmittag auf der Straße vor der Bank. Plötzlich galoppiert ein Mann auf einem Rappen in einer Staubwolke heran. Ein paar Sekunden später sitzen Sie hinter ihm auf dem Pferd. Dann reiten Sie beide aus der Stadt. Ihre Freunde und Nachbarn stehen auf der Straße und starren Ihnen nach. Der Geruch von Leder und Schießpulver steigt Ihnen in die Nase. Das Pferd verfällt allmählich in Trab, und schließlich sind Sie mit Ihrem heimlichen Geliebten allein – dem Banditen aus Dodge City. Sie steigen beide vom Pferd, und der Mann führt Sie an der Hand hinter einen Baum. Sie sehen ihm in die von seinem schwarzen Hut beschatteten Augen. Mit einem spöttischen Lächeln auf den Lippen nimmt er Sie in die Arme. Worte sind nicht nötig. Sie wissen, weshalb Sie dort sind. Niemand kann Sie beide jetzt sehen. Aber selbst wenn alle Welt zusähe, könnten Sie sich nicht bremsen. Ihr Herz schlägt schneller. Sie spüren die Wärme der Sonne im Nacken. Gestern ist vorbei. Und das Morgen zählt nicht. Es kommt nur auf eines an: Auf das, was Sie im Herzen spüren, und das sagt Ihnen, daß Sie nur eins zu tun haben.

Küssen Sie ihn!

Küssen Sie ihn und vergessen Sie alles andere. Küssen Sie ihn, als würden Sie für ihn sterben. Küssen Sie ihn, als würde sein Blut und Ihres gemeinsam durch Ihre Lippen pulsieren.

Aber küssen Sie ihn!

Wohl jeder von uns dürfte wohl schon mal die Sehnsucht verspürt haben, ein anderer Mensch zu sein, wenn auch nur in

Träumen oder Tagträumen. Beim Rollenspiel können diese Phantasien Ihre kreativen und emotionalen Fähigkeiten freisetzen und Küsse, die sonst langweilig wären, mit Leidenschaft und Feuer erfüllen. Ein Kuß mit verteilten Rollen ist jeder Kuß, bei dem einer der Partner oder beide den Anschein erwecken, als wären sie jemand anders, indem sie in die Situation eine erfundene Gestalt einbringen.

Sie können Szenen und Küsse erfinden, wie es Ihnen beliebt. Da gibt es keinerlei Grenzen. Sie brauchen keine Angst zu haben, Sie könnten den Verstand verlieren oder auf Dauer ein anderer Mensch werden. Wenn die Küsse enden und der Pulverdampf sich verzieht, wenn die silbernen Teller und die Edelsteine verschwinden, wenn das FBI aufhört, Ihren Wagen zu verfolgen, werden Sie wieder Sie selbst sein, der, der Sie immer gewesen sind – mit einem entscheidenden Unterschied allerdings: Sie werden einen Kuß hinter sich haben, wie ihn außer Ihnen und Ihrem Partner seit Jahrhunderten, vielleicht seit Tausenden von Jahren kein Mensch mehr erlebt hat. Hier nun zwei Küsse mit verteilten Rollen, die Sie ausprobieren können:

Sklavin und Herr (oder umgekehrt)

FRAUEN:
»Wir tun manchmal so, als wären wir Sklavin und Herr.«

»Bisher habe ich das noch nicht probiert, aber mit dem richtigen Partner könnte ich es mal versuchen.«

»Ich habe es schon getan, aber es ist schon einige Zeit her. Es macht viel Spaß, aber wir landen dann auch immer schnell im Bett!«

»Es ist schon vorgekommen, daß ich mich wie die Sklavin eines Mannes *gefühlt* habe. Dieses Nachgeben kann köstlich sein. Aber vielleicht kann man es am Ende doch nicht genug vortäuschen.«

MÄNNER:
»Nein, ich mag das nicht – aber ihr gefällt es, wenn ich stark und ein richtiger Mann bin.«

»Manchmal nehmen wir übertrieben dominante und unterwürfige Rollen an und sagen etwa: ›Flüstere mir ein paar versaute Sachen ins Ohr‹, oder wir verlangen, daß der andere antwortet: ›Ja, Sir!‹ Oder: ›Ja, Madame!‹«

Prostituierte und Freier

FRAUEN:
»Ab und zu tue ich so, als wäre ich eine Prostituierte oder eine Striptease-Tänzerin. Die Küsse, die dann folgen, sind meist etwas aggressiver oder tiefer als sonst.«

»Das habe ich noch nicht probiert – vielleicht tue ich es mal.«

»In meinen Phantasien stelle ich mir vor, ich wäre eine Prostituierte.«

Der androgyne Kuß

Wenn Sie so sind wie 99 Prozent der von mir befragten Menschen, werden Sie sich diesem Kuß widersetzen. Der androgyne Kuß kann bei den meisten Menschen zu intensiven Ängsten führen, weil die westliche Kultur streng darauf achtet, daß wir im Verlauf unserer Erziehung bestimmte Geschlechterrollen annehmen. Wenn Sie aber mutig genug sind, es mit diesem Kuß zu versuchen, werden Sie am Ende etwas Wertvolleres entdecken, als jeder andere Kuß zu bieten hat. Wenn der androgyne Kuß also richtig ausgeführt wird, bietet er unschätzbare Einsichten in die Psyche Ihres Partners und läßt Sie ihn oder sie besser verstehen als jeder andere Kuß in diesem Buch.

Wie man androgyn küßt

1. Sie brauchen sich weder einer Geschlechtsumwandlung zu unterziehen noch andere Kleidung zu tragen oder sich die Haare abschneiden zu lassen, um androgyn zu küssen. Sie müssen nur eines tun: anders denken. Zunächst entspannen Sie sich und stellen sich vor, Sie gehörten dem anderen Geschlecht an. Wie fühlen Sie sich dabei? Ich habe Ihnen schon gesagt, daß es nicht leicht sein würde. Dies ist der schwierigste Schritt, und wenn Sie dabei unwillkürlich denken: »Das ist doch albern«, ist das eine natürliche erste Reaktion. Dennoch ist dieser Schritt unabdingbar, so daß Sie vielleicht ein paar Tage daran arbeiten müssen. Wenn Sie diese schwierige seelische Aufgabe bewältigt haben, werden Sie nach und nach erfahren, worauf es ankommt.
2. Dieser Kuß ist möglich, ohne daß Sie Ihrem Partner sagen, was Ihnen durch den Kopf geht. Denn Ihr Partner wird nie in der Lage sein, Ihre Gedanken zu lesen, und so wird er sie auch nie erfahren. Wenn Sie Ihrem Partner jedoch erzählen, was Sie vorhaben, muß er nicht unbedingt ebenfalls in eine andere Haut schlüpfen. Beim androgynen Kuß genügt es, wenn nur einer der Partner den seelischen Umschwung vollzieht.
3. Beim Küssen Ihres Partners sollten Sie sich vorstellen, wie es wäre, dem anderen Geschlecht anzugehören. Indem Sie das tun, werden Sie Teile Ihrer Psyche ans Licht holen, die Sie bislang vielleicht verleugnet oder gar nicht erst entwickelt haben. So berichten beispielsweise manche Frauen, daß sie plötzlich einen Schub von Energie verspüren, wenn sie sich vorstellen, ein Mann zu sein. Und manche Männer spüren, daß sie an emotionaler Tiefe und Empfindsamkeit gewinnen, wenn sie einen geistigen Rollentausch vollziehen.

Dieser Kuß und der Grundgedanke, der ihm zugrunde liegt, macht einige Menschen sehr nervös. Die meisten Männer haben bei der Befragung die folgende Frage unbeantwortet gelassen. Vielleicht macht ihnen allein die Vorstellung schon angst. Frauen zeigen sich etwas offener und empfänglicher, obwohl manche von ihnen sich von der Vorstellung der Zweigeschlechtlichkeit schockiert zeigten und offene Kritik übten.

Versetzen Sie sich beim Küssen manchmal in die Rolle des anderen Geschlechts?

MÄNNER:
»Nein!«

»Manchmal bin ich bei meinen sexuellen Annäherungen an meine Freundin aktiv (dominant) und manchmal passiv (unterwürfig). Das ist mal so, mal so, je nach Stimmung und seelischer Verfassung.«

»So tun, als ob? Nein. Einen Rollentausch gibt es aber oft! Ich mag es, wenn man mich umwirbt, und wenn meine Freundin die Führung übernimmt, aber umgekehrt gefällt es mir genauso. Ich glaube, daß Geben und Nehmen in einer Beziehung gleich wichtig sind. Manchmal übernimmt also sie die Führung und ›macht die Arbeit‹ und bereitet mir Vergnügen, und zu anderen Zeiten übernehme ich die Führung und leiste die Arbeit.«

FRAUEN:
»Ja – aber das erfordert wirklich gegenseitiges Vertrauen. Dann kann es sehr herausfordernd sein. Manchmal spielt es sich nur in meinem Kopf ab.«

»Ich hab mich schon oft gefragt, wie es wohl sein würde, wenn ich der Mann wäre, der *mich* küßt. Ich habe mir diese Frage gestellt, weil ich gern wissen wollte, ob ich gut küssen kann.«

»Nein. Ich glaube, daß beide Partner auch ohne das so passiv oder aggressiv sein können, wie sie wollen, und daß auch ohne Rollentausch ein Geben und Nehmen möglich ist.«

»Es kommt darauf an, daß man *mitmacht* und *reagiert* – man muß spüren können, was der andere begehrt.«

»Nein. Ich sehe nicht, daß es eine männliche oder weibliche Art zu küssen gibt. Ich habe sowohl Männer als auch Frauen geküßt. Ich habe manchmal sehr intensiv geküßt, um im nächsten Augenblick federleichte Küsse zu geben.«

»Ich habe versucht, mir vorzustellen, daß ich ein Mann bin, der eine Frau küßt. Ist das vielleicht krankhaft?... So habe ich vermeintlich die Oberhand gewonnen – ich hatte die Kontrolle über den Kuß, zerwühlte meinem Freund das Haar, kraulte ihm das Kinn, und so weiter. Das tut gut.«

Der Gangsterkuß

Es ist früh am Morgen, und Sie und Ihre Geliebte stehen vor der Bank auf dem Bürgersteig. Die Straßen sind fast menschenleer. Sie haben eine Hand in die Jackentasche gesteckt und umfassen Ihre .38er Automatik. An der Bordsteinkante sitzt Vito mit laufendem Motor in einem schwarzen Ford; er raucht eine Zigarette, um sich zu beruhigen. Ihre Partnerin blickt auf die hohen Gebäude aus Stahl und Glas, in denen sich der blaue Himmel spiegelt. Sie drehen sich zu ihr um und bemerken ein seltsames romantisches Glitzern in ihren Augen. Vielleicht ist es nur das Spiegelbild des Bankgebäudes. Sie holt tief Luft, um sich Mut zu machen, und läßt ihre weißen Zähne blitzen. Ohne nachzudenken, beugen Sie sich über sie und küssen Sie grob auf die Lippen. Plötzlich fühlt sich Ihr Mund wie das *Weichste und Schönste* an, was es auf der Welt gibt. Ihr Herz klopft schnell, in Ihrem Kopf dreht sich alles, und Sie vergessen beinahe, daß Sie in ein paar Minuten entweder reich oder tot sein werden... Damit sind Sie soeben dem Gangsterkuß erlegen.

Da Gangster außerhalb des Gesetzes leben, werden sie weder durch Gesetze noch Regeln behindert; sie leben so, wie sie leben wollen, und genießen so weit mehr Freiheit als die meisten Menschen. Ihre Art zu küssen kann Ihnen eine Menge darüber beibringen, wie man seinen Spaß hat und sich frei fühlt. Und da sie oft ihr Leben riskieren, sind Gangster meist voll hochgespannter Erwartung und äußerst nervös. Das kann sich auch in ihrem Geschlechtsleben bemerkbar machen und ihren Küssen eine intensive und erotische Note verleihen. Sie wissen, daß sie morgen vielleicht schon tot sein können, und folglich küssen sie meist mit einer Glut, welche die Lippen gesetzestreuer Bürger verbrennen würde.

Wie man nach Gangsterart küßt

Vergessen Sie nicht, daß Sie weder das Gesetz übertreten noch zum Gangster werden müssen, um die unvergleichliche Leidenschaft des Gangsterkusses genießen zu können. Sie brauchen nur diesen sieben einfachen Vorschlägen zu folgen:

1. Lassen Sie Ihre Phantasie spielen, so wie Kinder, die Räuber und Gendarm spielen.
2. Denken Sie wie ein Gangster. Das mag zunächst nicht leicht sein, aber mit ein wenig Übung können Sie sich in die Gedankenwelt eines Kriminellen hineinversetzen. Sind denn Liebende letztlich nicht auch so etwas wie Gangster? Diese haben Spitznamen (wie etwa Charles »Pretty Boy« Floyd oder George »Machine Gun« Kelly), aber auch Liebende geben einander Kosenamen. Selbst die härtesten Gegner stehen einander bedingungslos bei und sterben oft gemeinsam. Ebenso werden wahrhaft Liebende einander gegen Anschuldigungen und Verleumdungen der Welt verteidigen. Gangster teilen sich die Beute aus Bank- und Raubüberfällen, so wie Liebende ihre Einkünfte und Ersparnisse teilen. Und letztlich kann auch die Loyalität von Gangstern so etwas wie Liebe sein, die der Liebe vergleichbar ist, die Männer und Frauen für einander empfinden.
3. Handeln Sie wie ein Gangster. Blicken Sie sich ab und zu über die Schulter. Werden Sie verfolgt? Von Agenten vielleicht? Suchen Sie Orte auf, an denen Sie auch Gangster vermuten würden. Schlendern Sie mit Ihrem Partner durch das Bankenviertel, gehen Sie vor großen Bankgebäuden auf und ab, kobern Sie sie wie ein Profi.
4. Kleiden Sie sich wie ein Gangster. Wenn Sie ein Mann sind, sollten Sie einen korrekten Anzug und Krawatte tragen, und als Frau ein langes Kleid. Tragen Sie Brillanten, aber Modeschmuck geht auch. Sie sollten sich auch bemühen, wie ein Gangster zu sprechen. Wenn Sie in einem Restaurant mit der Mahlzeit fertig sind und gehen wollen, sollten Sie nicht sagen: »Wollen wir gehen?«, sondern lieber so etwas wie: »Hauen wir ab.« Wenn Ihnen auffällt, daß Ihnen jemand folgt, sagen Sie Ihrem Partner: »Die Bullen sind hinter uns her.« All dieses Gangster-Gerede wird Sie für Gangsterliebe in Stimmung bringen.

5. Wenn Sie mit Ihrem Partner ausgehen, sollten Sie sich vorstellen, daß das FBI Ihnen auf den Fersen ist. Das wird Sie beide näher zusammenbringen. Sie werden das Gefühl haben, zu zweit gegen den Rest der Welt zu stehen. Sagen wir, Sie sitzen in einem kleinen Restaurant. Sagen Sie Ihrem Partner, er solle die Tür im Auge behalten. Beugen Sie sich über den Tisch und flüstern Sie mit Ihrem Partner, als hätten Sie Angst, am Nebentisch könnte ein Agent sitzen. Wenn Sie Ihrem Partner in die Augen blicken, sollten Sie sich vorstellen, daß es das letzte Mal ist, daß Sie ihn zu sehen bekommen. Genießen Sie jeden Augenblick. Und sowie Sie eine Gelegenheit dazu haben, sollten Sie sich über den Tisch beugen und ihn küssen. Liebe dieser Art ist nicht jeden Tag zu haben. Nicht jeder ist gezwungen, auf der Flucht zu lieben. Das Element der Gefahr, der Spannung und des Geheimnisumwitterten wird Ihre Küsse sehr lebendig machen.
6. Gangster sind erbarmungsloser und kaltherziger als die meisten Menschen. Das hat zur Folge, daß ihre Küsse oft gröber und aggressiver sind. Wenn sie küssen, tun sie es zu ihrem eigenen Vergnügen und denken dabei nicht unbedingt an die Person, die sie küssen. Sie sollten es genauso halten und manchmal beim Küssen nur an sich denken. Küssen Sie die Lippen Ihres Partners, so wie sie einen Apfel essen würden, aggressiv und fast zubeißend. Das hilft Ihnen dabei, spöttisch den Mund zu verziehen, wenn Sie sich zurückziehen und prüfend den Mund Ihres Partners betrachten, um ihm einen weiteren schmerzenden Kuß zu geben.
7. Wenn Sie mit Ihrem Partner allein sind, sollten Sie an Bonnie und Clyde denken, die sich nur auf der Flucht lieben konnten. Auf Ihrer Flucht hatten sie in Texas eine Wohnung gemietet, in die plötzlich Polizeibeamte aus Dallas eindrangen, die Clyde wegen eines Raubüberfalls in einer nahe gelegenen Stadt festnahmen. Doch vor der Festnahme küßten die beiden Mörder den Gangsterkuß. Wie gehetzte Tiere waren sie ständig auf der Flucht und versuchten, der Festnahme zu entgehen. Stellen Sie sich vor, wie leidenschaftlich Bonnie und Clyde sich unter solchen Umständen geküßt haben. Dann sollten Sie Ihren Partner genauso küssen. Noch nie waren gestohlene Küsse so gut!

Stellen Sie beide sich je vor, Sie seien Kriminelle?

FRAUEN:

»Ich stelle mir gern vor, daß mein Mann ein Gangsterboß ist. Ich habe ihm einen grauen Filzhut gekauft, wie sie Bankräuber in Filmen der dreißiger Jahre tragen. Er raucht zwar nicht, aber ich lasse ihn so tun, als würde er sich eine Zigarette anzünden, und dann muß er aufblicken und mich entdecken. Ich sage ihm, daß er seine guten Manieren ablegen und ruhig ungehobelt sein kann. Manchmal gehe ich mit ihm in Gangsterfilme, damit er weiß, wie er sich verhalten muß. Hinterher gehen wir in ein Restaurant und versuchen die Rollen als Ganoven aufrechtzuerhalten. Es ist ganz einfach, wenn der Kellner an den Tisch kommt. Meist können wir uns das Lachen nicht verbeißen, und der Kellner steht da und guckt uns verständnislos an. Nach dem Essen gehen wir raus und versuchen, wie Kriminelle zu küssen. Den größten Spaß macht es dann, daß wir gröber miteinander umgehen können, weil unsere Küsse irgendwie gespielt sind, wenn ich mir etwa vorstelle, daß ich gerade dabei bin, einen Killer zu küssen. Das macht es erotisch.«

»Ich bin mal mit einem Mann ausgegangen, der mich zu Rollenspielen animierte. Wir stellten uns vor, wir wären Napoleon und Josephine, Könige und Königinnen der Geschichte, und einmal stellten wir uns vor, wir wären Bonnie und Clyde. Er wollte von mir sogar Clyde genannt werden. Dann begann er albernes Zeug zu reden, als wäre er nicht ganz richtig im Kopf. Bevor wir ausgingen – wir wollten zum Tanzen –, tat er so, als könnte er seinen Revolver nicht finden, und ließ mich die ganze Wohnung nach seiner vermeintlich verlegten Waffe absuchen. Schließlich sagte er mir, es sei sehr riskant, ohne Waffe auszugehen. Er nahm mich in die Arme und küßte mich. Dann sagte er: ›Baby, es kann sein, daß wir nicht mehr lebend zurückkommen.‹ Ich lachte, doch als er mich küßte, war es erregend.«

»Bei einem Kostümfest trat ich mal als Al Capone auf, und das machte großen Spaß. Als ich meinen Freund küßte, lachte ich ihm mitten ins Gesicht.«

»Je aggressiver man wird, um so leidenschaftlicher werden die Küsse.«

»Ich tue manchmal so, als wäre ich Madonna, weil sie sich sehr rebellisch gibt. Manchmal ziehe ich mich so an wie sie und verhalte mich auch so unmöglich.«

»Manchmal tue ich so, als wäre ich eine Gangsterbraut, und trage dann richtig billige Kleider. Mein Freund benimmt sich mir gegenüber grob, und das ist für mich eine Flucht aus der zivilisierten Welt. Und wenn mein Freund so ist, kann es kein domestizierter Mann mit ihm aufnehmen.«

MÄNNER:
»Ich versuchte meine Freundin mal zu überreden, sie solle so tun, als wäre sie eine Verbrecherin, aber sie weigerte sich. Ich erklärte ihr, es sei nur ein Spiel. Sie wollte sich aber nicht darauf einlassen, und so gab ich auf. Ein paar Wochen später besuchte ich sie in ihrem Haus, und zu meiner Überraschung entdeckte ich, daß sie ein langes schwarzes Kleid trug und knallroten Lippenstift und Parfum aufgelegt hatte. Und dann begann sie zu reden wie eine richtige Gangsterbraut. Das machte mich unheimlich scharf. Als ich sie küßte, mimte sie ihre Rolle weiter, und ich konnte gar nicht genug von ihr bekommen. Sie ist normalerweise lammfromm und passiv, aber diesmal küßte sie mich hart und aggressiv. Ich glaube, daß dieses kleine Gangsterliebchen-Spiel in uns beiden eine tiefsitzende Leidenschaft ans Licht holte.«

»Ich stelle mir vor, ein Gangster zu sein, dann steige ich langsam von meiner Harley-Davidson ab. Ich trage eine schwarze Lederjacke und habe eine finstere Miene aufgesetzt. Ich gebe meiner Freundin etwa fünf Sekunden lang einen leidenschaftlichen Kuß und wende mich dann hastig ab, wobei ich ihr einen Arm um die Hüfte lege. Dabei wechseln wir kein Wort – das ist sehr wichtig.«

Der Gangsterkuß ist der bei weitem kreativste von allen. Er erfordert die Erbarmungslosigkeit eines Killers und die Empfindsamkeit eines Liebenden zugleich. Er ist eine der mächtigsten Waffen im Köcher Amors, und wenn Sie diese subtile Mischung aus Realität und Phantasie erst einmal beherrschen, wird Ihr Liebesleben nie mehr so sein wie zuvor. Jedes Treffen mit Ihrem Geliebten oder Ihrer Geliebten wird so unvergeßlich sein wie eine Erpressungsdrohung, jede Verabredung so aufregend wie eine Verschwörung, jeder Kuß so anregend wie ein Bankraub.

Dritter Teil

Küsse aus aller Welt

Der amerikanische Kuß

Carry, eine dreiunddreißigjährige Frau aus Chicago, war schon mehrere Jahre mit einem Mann befreundet, bevor sie diesen Kuß kennenlernte. Eines Nachmittags saß sie auf der Wohnzimmercouch, als ihr Freund Bob leidenschaftlich ihre Oberlippe zu küssen begann. Und während er liebevoll und zärtlich an ihrer Oberlippe lutschte, begann sie gleichzeitig an seiner Unterlippe zu saugen.

»So spielten wir noch lange herum und fühlten uns wunderbar dabei. Auf diese Art zu küssen wollte ich dann nie mehr verzichten«, wie sie gesteht.

Von all den Küssen, die in Nordamerika praktiziert werden, ist dies vielleicht der typischste, daher der Name »Amerikanischer Kuß«. In den USA nennt jedoch kein Mensch diesen Kuß den »Amerikanischen Kuß« – so wie in Frankreich niemand den Zungenkuß als »Französischen Kuß« bezeichnet. In den Vereinigten Staaten nennt man ihn einfach den »Lippenlutscher«. Es ist ein Kuß, bei dem der Mann an der Oberlippe der Frau saugt, während sie mit den Lippen an seiner Unterlippe spielt.

Der »Lippenlutscher« ist in Wahrheit Tausende von Jahren alt. In der indischen Liebeslehre *Kama Sutra* heißt es, dabei küsse der Mann die Oberlippe einer Frau, während sie den Kuß an der Unterlippe erwidere. In der amerikanischen Version kommt noch eine Saugbewegung dazu, ein höchst sinnliches Element, das die beiden Liebenden intim mit dem Mund des Partners verbindet.

Eine fünfundzwanzigjährige Frau aus Phoenix/Arizona sagte: »In Amerika ist der Kuß brandneu und sehr beliebt, weil er etwas völlig Neues ist und den Gebrauch der Lippen erfordert statt nur der Zunge.« Und eine fünfunddreißigjährige Frau aus Jacksonville/Florida erklärte, sie sehe die Beliebtheit des Kusses darin, daß viele Menschen ihn in jüngster Zeit im Kino und im Fernsehen gesehen hätten.

Wie man es macht

1. Zunächst sollten Sie sich mit ein paar normalen Küssen »aufwärmen«.
2. Dann beginnt der Mann, sanft an der Oberlippe der Frau zu saugen.
3. Während er dies tut, nimmt die Frau seine Unterlippe in den Mund, so daß sie behutsam daran saugen kann.
4. Beide Partner setzen das Saugen viele Minuten ohne Unterbrechung fort. Je länger der Kuß, um so erotischer wird er.
5. Während des Kusses sollten Sie und Ihr Partner durch die Nase atmen.

Wie kommt es, daß der Mann an der *Oberlippe* seiner Frau saugt? Vielleicht gibt es einen psychologischen Grund dafür: Einige Sanskrit-Texte lassen vermuten, daß es eine Verbindung zwischen der Oberlippe einer Frau und verschiedenen »tiefer« gelegenen erogenen Zonen gibt. Wenn das zutrifft, läßt sich vermuten, daß es auch bei Männern eine ähnliche Verbindung gibt. Wie dem auch sei: Selbstverständlich kann ein Liebespaar den Kuß variieren, indem es einfach die Positionen vertauscht.

Worauf sollte ein Anfänger besonders achten, wenn er den Amerikanischen Kuß zum erstenmal probiert?

Einige Antworten aus unserer Befragung:

»Man sollte sich die Lippen vorher mit einer Lippensalbe einreiben, damit sie glatt bleiben.«

»Einfach entspannen und die Augen schließen.«

»Wenn man diesen Kuß zum erstenmal probiert, sollte man zärtlich sein und nicht aggressiv. Versuchen Sie, die Lippe Ihres Partners mit beiden Lippen zu liebkosen.«

»Tun Sie so, als würden Sie ein Eis am Stiel lutschen, von dem Sie nur die obere oder die untere Geschmacksrichtung wollen (der

Mann will etwa das Schokoladeneis oben, die Frau das Vanilleeis unten).«

»Man muß darauf achten, daß man sich nicht gegenseitig in die Lippen beißt, denn dieses Risiko besteht leider bei diesem Kuß.«

»Achten Sie darauf, daß Sie und Ihr Partner mindestens jeweils fünf Sekunden an der Lippe des anderen saugen.«

»Es macht Spaß, bis der Partner anfängt, mich beim Saugen übertrumpfen zu wollen!«

»Es ist eine spielerische Art, einander kennenzulernen. Und als Frau merkt man schnell, ob sich ein Mann für mich interessiert oder nicht. Die Art, wie er oder sie an meiner Lippe saugt, verrät mir viel darüber, mit wem ich es zu tun habe.«

Nach einem wundervollen, gemeinsam verbrachten Abend stehen Sie in einer Haustür und wollen sich mit einem Gutenachtkuß von Ihrem Freund verabschieden. Sie beginnen ganz unschuldig mit einem »normalen« Kuß, aber plötzlich *gleitet* Ihr Mund hinunter, bis sich Ihre Lippen um seine Unterlippe schließen, während er an Ihrer Oberlippe saugt. Sie bleiben nicht passiv, sondern ziehen seine Unterlippe tief in den Mund. Sie schmeckt wie eine Aprikose – ist aber viel *weicher*! Unterdessen spüren Sie, wie er voller Leidenschaft Ihre Oberlippe verschlingt. *So* will er mich also küssen! Aber, bitte, an diesem Spiel können sich zwei beteiligen. Und jetzt kommt es zu einem spielerischen Kampf zwischen Ihnen beiden, zu einem kurzen Ringen mit den Lippen. Sie haben noch nie gewußt, daß er *so* hartnäckig sein kann! Und er hat nicht geahnt, daß *Sie* so wild und hemmungslos sein können! Ihr Herz schlägt wie wild, Ihre Lippen vibrieren, und Sie können gar nicht sagen, wo Ihr Gesicht aufhört und seins beginnt.

Es dauert nicht lange, da spüren Sie beide jene seltsame erotische Präsenz, die wie ein mit den Flügeln schlagender Vogel über Liebenden zu schweben scheint. Tausend impulsive Gedanken jagen durch ihr Gehirn. Wie lange wird der Kuß dauern? Was ist, wenn ich die Selbstkontrolle verliere? Werden meine Lippen je wieder ihre alte Form annehmen? Was *bedeutet* es, daß ich auf diese Weise geküßt habe – so eng mit ihm verbunden, auf so sinnliche Weise mit ihm verschmolzen? *Was denkt er dabei?* Hält er mich am Ende für eine lockere und unmoralische Frau? Aber er lutscht doch selber wie wild an meiner Unterlippe!

Dann erleben Sie endlich ein seliges Gefühl, das unten in den Zehenspitzen anfängt und in den Adern nach oben strömt, so daß Sie nicht mehr denken, sondern ihn nur noch leidenschaftlicher küssen, als Sie es je zuvor getan haben. Und es ist Ihnen egal, ob Sie die Selbstkontrolle verlieren. Sie schließen die Augen, während das Lippensaugen weitergeht. Sie lassen sich fallen, sich gehen. Mal übernimmt er die Führung, mal Sie.

Lippenlutscher... Das mag sich lustig anhören... und Ihnen manchmal vielleicht auch komisch vorkommen... Aber eins ist sicher: Dieser Kuß wird etwas in Ihnen freisetzen, wovon Sie noch nichts geahnt haben. Doch wie beim politischen System Amerikas ist auch der Lippenlutscher-Kuß im Grunde ein demokratischer Kuß, bei dem Mann und Frau die Früchte ihres erotischen Spiels mit gleichem Wohlbehagen und gleicher Freude genießen. In dieser Hinsicht ist es für moderne Liebende, die in ihrem Leben nicht nur Gleichheit, sondern auch Erotik wollen, der perfekte Kuß.

Der Zungenkuß

Der Zungenkuß ist der intimste, sinnlichste und erregendste Kuß. Dennoch hat es bis zum heutigen Tag keine genaue Beschreibung dessen gegeben, was Liebende dabei tun sollten. Junge Leute, die sich für den Zungenkuß interessieren, der auch als »Seelenkuß« bezeichnet wird, mußten bislang auf ihr Glück vertrauen, wenn sie ihn vervollkommnen wollten. Normalerweise stolpern junge Leute darüber, wenn sie mit einem Freund oder einer Freundin verabredet sind. Es könnte etwa so passieren...

Sie sitzen mit Ihrer Freundin auf der Couch. Sie hatten geplant, mit ihr ins Kino zu gehen, aber da die Eltern des Mädchens ausgehen wollen, schlägt Ihre Freundin plötzlich vor, Sie sollten lieber zu Hause bleiben. Sie holt ein Buch mit Liebesgedichten aus dem Regal und fragt, was Sie von einem bestimmten Gedicht von Tennyson halten. Sie beugen sich zu ihr, um das Gedicht zu lesen. Plötzlich sitzen Sie ganz eng neben ihr. Das Gedicht trägt den Titel »Küsse«. Sie blicken auf die Seite und beginnen zu lesen:

Einst zog er mir mit einem langen Kuß
Meine ganze Seele durch die Lippen,
So wie das Sonnenlicht den Tau trinkt.

Sie wollen Ihre Freundin gerade küssen, als sie die Initiative ergreift, indem sie sich vorbeugt, um Sie zu küssen. Was für eine angenehme Überraschung! Sie geben nach und werden für einen Augenblick passiv, während sie die Führung übernimmt. Sie sind so träge, so nachgiebig und passiv, daß Ihre Lippen sich langsam öffnnen, als sie ihren Mund auf Ihren preßt. Plötzlich gleitet Ihre Zunge für einen Moment zwischen ihre Lippen. Jetzt ist sie vielleicht etwas schockiert und zieht sich zurück.

»Wir sollten vielleicht eine kleine Pause machen«, sagt sie.

»Nein, bitte nicht.«

Jetzt küssen Sie sie, und dabei öffnen sich ihre Lippen, und Ihre Zunge gleitet wie von selbst in das weiche Innere ihres Mundes. Sie können ihren Atem hören. Sie selbst haben vergessen zu atmen. Schließlich fällt Ihnen ein, daß Sie auch durch die Nase atmen können, um so den Kuß zu verlängern. Ihr Herz schlägt heftig, und Sie haben das Gefühl, Neuland betreten zu haben – und das haben Sie auch. Vielleicht sind Sie der Meinung, etwas zu aggressiv gewesen zu sein. Diese Befürchtung verschwindet jedoch, wenn Sie spüren, wie Ihrer beider Zungen sich begegnen. Der Mund Ihrer Freundin fühlt sich so weich an und schmeckt so köstlich, während Ihrer beider Zungen umeinanderwirbeln. Und jetzt schiebt sich die Zunge Ihrer Freundin langsam und tief in Ihren Mund. Sie ist beim Erkunden Ihres Mundes kühn, fast dreist.

Es gibt keine Wörter, die das Erlebnis des Zungenkusses hinreichend beschreiben können. Möge es genügen zu sagen, daß Sie ein fortgeschrittenes Stadium des Küssens erreicht haben, das zu einer fast symbiotischen Nähe zu Ihrem Partner führen kann. Gehen Sie behutsam mit diesem Kuß um, und er wird Ihnen reiche Dividenden zahlen. Sie und Ihre Geliebte werden einander auf neue und intime Weise kennenlernen, denn der Zungenkuß kann Sie beide einander näher bringen als es der Geschlechtsakt vermöchte.

Die Eltern Ihrer Freundin wollten in zwei Stunden wieder da sein. Das ist doch nicht zu glauben, da sind sie schon wieder! Wie ist das möglich? Sind zwei Stunden so schnell vergangen? Ihr Herz klopft immer noch heftig, als Sie schnell von Ihrer Freundin abrücken. Dennoch spüren Sie, daß Sie noch immer mit ihr verbunden sind. Irgendwie hat der Zungenkuß Sie einander so nahe gebracht, daß Ihre Beziehung noch Stunden und Tage danach anders sein wird. Es ist, als wären Sie beide durch ein magisches Band miteinander verbunden. Sie sollten sich die Freude daran erhalten, solange es geht.

Mögen Sie Zungenküsse?

FRAUEN:

Fast alle der von uns befragten Frauen (96 Prozent) erklärten, Zungenküsse zu mögen.

»Wenn ich an Zungenküsse denke, fällt mir vor allem ein bestimmter Mann ein. Seine Zungenküsse waren weder schlabberig noch übertrieben naß. Sie waren durchdringend. Er spielt in einer Art und Weise mit meiner Zunge Kriegen, daß ich mir wünschte, es würde nie aufhören.«

»Sehr sogar – man hat das Gefühl, mit seinem Partner zu verschmelzen.«

»Ich mag die Schnelligkeit, die Tiefe, das Gefühl des Einsseins mit meinem Freund.«

MÄNNER MÖGEN SIE AUCH

»Je mehr Zunge, um so besser!«

»Ich mag tiefe, schnelle, harte Zungenküsse.«

»Zungenküsse? Am liebsten stundenlang. Ich lege dem Mädchen eine Hand auf den Rücken, die andere an die Seite ihres Kopfes und spiele mit ihrem Haar. Ich atme durch die Nase und fahre spielerisch mit der Zunge in ihren Mund und wieder heraus, lecke ihr die Lippen und sauge ihr die Luft aus dem Mund.«

»Dieses nasse Herumwühlen mit weitoffenem Mund mag ich nicht. Ich küsse lieber mit leicht geöffnetem Mund und gebe einem sanfteren Zungenkuß, bei dem man sich behutsam vortastet, den Vorzug.«

»Als ich das erste Mal küßte, fühlte ich mich irgendwie verletzt. Ich wollte nicht, daß eine Frau etwas von sich in mich hineinsteckt! Wenn man mich gefragt hätte, wäre ich wohl empfänglicher gewesen, aber ich war's nun mal nicht, und das Ganze kam mir ein bißchen grob vor. Nach ein paar Wochen und einigen weiteren Versuchen kapierte ich, worauf es ankommt, aber trotzdem ist es nicht mein Lieblingskuß. Ich mag es, wenn eine Frau mir mit der Zunge an den Zähnen und am Zahnfleisch entlangfährt. Diese Küsse, bei denen einem eine harte Zunge in den Mund gerammt wird, mag ich ganz und gar nicht. Ich ziehe den spielerischen Kuß vor; einen Kuß, bei dem die Zungen umeinander herumtänzeln.«

Ratschlag von Frauen für Männer

Viele Frauen erklären, den Zungenkuß zwar zu mögen, sind jedoch zugleich der Meinung, daß Männer ihn allzu oft einsetzten, daß sie phantasielos (bewegen die Zunge nicht genug) oder zu aggressiv seien (daß sie zu früh in einer Beziehung mit Zungenküssen anfangen). Ihr Ratschlag für Männer: (1) langsam angehen lassen, (2) keine Zungenküsse bei der ersten Verabredung – aber auch nicht bei der zweiten oder dritten, (3) behutsam und sanft vorgehen, (4) versuchen, die Stimmung der Frau zu erkunden und entsprechend zu reagieren.

»Männer scheinen keine anderen Küsse zu kennen. Gelegentlich ist das ja in Ordnung, aber nicht *immer*.«

»Es kann ganz schön schwierig sein, einen Mann dazu zu bringen, daß er einem erlaubt, ihm zu zeigen, wie man küßt (schließlich will niemand zu hören bekommen, er habe keine Ahnung!) und ein bißchen Finesse in das Züngeln bringt.«

»Viel Zunge ist nichts für mich. Ich hasse es, wenn mir jemand beim ersten Mal gleich einen Zungenkuß gibt und mir die Zunge fast in die Kehle jagt.«

»Ich bin halb Irin, halb Engländerin, und bis ich dreißig war, kannte ich den Zungenkuß nicht und konnte folglich auch keinen Spaß daran haben. Schließlich lernte ich ihn von einem Amerikaner. Wenn ich verliebt bin, sind Zungenküsse der Himmel auf Erden. Wenn nicht, habe ich das Gefühl, als würde jemand mit meinem Mund spielen.«

»Ich mag Zungenküsse, wenn sie weich, sinnlich und intim sind; wohlgemerkt, solange nicht geschlabbert wird oder mir jemand nicht die Zunge in den Schlund rammt. Sanfte, delikate Zungenküsse steigern die Intimität.«

»Ich mag Zungenküsse, aber nicht, wenn ich das Gefühl habe, an der Zunge eines Mannes zu ersticken. Ich mag leichte Zungenküsse.«

»Wenn ich in keiner ernsthaften oder dauernden Beziehung lebe, empfinde ich Zungenküsse als Überfall.«

»Wenn der Mann nur mit seiner Zunge herumwedelt, kann ich es nicht leiden. Leidenschaft und Sinnlichkeit gehören dazu. Ich hasse es, wenn jemand beim Küssen an mir lutscht oder mich verschlingen will.«

Weitere Kommentare

Eine Frau erzählte uns, sie habe geglaubt, einen völlig neuen Mund zu haben, als ihr Freund ihr zum erstenmal die Zunge in den Mund steckte. Sie habe nicht glauben können, was sie da gefühlt habe. Es sei so sinnlich, so intim, so ausdrucksvoll gewesen.

Viele Menschen gestehen, daß der Zungenkuß ihr Lieblingskuß sei. Eine begeisterte Anhängerin dieser Kußform erklärte, sie mache Gesichts- und Zungenübungen, um so längere Zeit küssen zu können. Sie trainierte tatsächlich dafür wie eine Sportlerin. Eine gute Übung sei, erklärte sie, Kartoffelbrei zu essen, denn er habe die Konsistenz und die Textur der Innenseite eines menschlichen Mundes.

Eine andere Frau meinte, sie möge Zungenküsse nach dem Essen von Süßigkeiten, weil der Mund ihres Freundes dann wunderbar süß schmecke.

Eine junge Frau aus Kalifornien erklärte, sie und ihr Freund machten lange Spaziergänge im Wald, und wenn niemand zusähe, blieben sie stehen und küßten sich. Sie sagte, wenn er ihr die Zunge in den Mund stecke, vergesse sie alles um sich herum, verliere den Kontakt zur Außenwelt und verliere sich im Erlebnis des Kusses.

Was man beim Zungenkuß tun und lieber lassen sollte

Obwohl es den Zungenkuß schon seit Jahrhunderten gibt, gibt es Dutzende von Variationen davon, und wer mit den Grundformen experimentieren will, braucht dazu keine Ausrede. Hier ein paar Hinweise, die Ihnen helfen werden, den Zungenkuß zu vervollkommnen:

- Machen Sie Gebrauch von Ihrer Zunge.
- Beteiligen Sie sich aktiv am Kuß. Stecken Sie Ihrem Partner die Zunge in den Mund. Das mag zunächst ein komisches Gefühl sein, aber Sie werden Ihre Scheu blitzschnell überwinden.
- Bleiben Sie gelegentlich passiv. Wenn Ihr Partner Ihnen die Zunge in den Mund steckt, sollten Sie sich entspannen und das Gefühl genießen und die Zärtlichkeit mit *Ihrer* Zunge erwidern.
- Atmen Sie durch die Nase, damit Sie den Kuß verlängern können.
- Schließen Sie gelegentlich die Augen, damit Sie sich auf Ihre Gefühle konzentrieren können.
- Stoßen Sie kleine Schreie aus und stöhnen Sie, damit sich etwas von Ihrer Erregung auch dem Partner mitteilt.
- Wandern Sie mit der Zunge überall im Mund Ihres Partners herum, auf der Innenseite der Wangen, an den Zähnen, unter seiner Zunge sowie im Rachenraum. Ihr Hauptinteresse wird natürlich der Zunge Ihres Partners gelten, weil sie sich so sündig weich anfühlt und auf jede Ihrer Berührungen und Bewegungen reagiert.

Was Sie beachten oder lieber lassen sollten:

- Haben Sie keine Angst vor Zungenkontakt. Manche Liebende werden scheu, wenn sie die Zunge ihres Partners spüren. Diese Schamhaftigkeit sollten Sie überwinden.
- Pressen Sie die Lippen nicht zusammen, weil dies den Zungenkuß unmöglich macht.
- Sie sollten Ihren Partner nicht ersticken. Ihre Zunge ist kein Knebel.
- Werden Sie nicht nervös, wenn Sie plötzlich ganz benommen werden und Ihre Nerven vibrieren. Das passiert beim Zungenkuß selbst den erfahrendsten Liebenden.
- Ein Kaugummi ist beim Zungenkuß fehl am Platz. Der Kaugummi ist mit diesem Kuß unvereinbar, ebenso mit Ihren Empfindungen dabei. Außerdem ist Kaugummi nicht so angenehm wie das Mundinnere Ihres Partners, oder? Wenn Sie beim Zungenkuß richtig vorgehen, mit einem leeren Mund,

werden Sie spüren, wie Ihre Seele mit der Ihres Partners verschmilzt. Wollen Sie dieses Erlebnis etwa mit einem Stück Kaugummi verderben? Wohl kaum!

- Übertreiben Sie es nicht. Viele Menschen berichten, sie liebten Zungenküsse so sehr, daß sie eine Stunde oder länger nonstop bei der Sache seien. Doch wie bei allen anderen Dingen kann auch hier zu viel des Guten eher schädlich sein. Wenn Sie einen Zungenkuß eine Stunde lang ohne Unterbrechung aufrechterhalten, wird Ihr Vergnügen daran zwangsläufig abnehmen. Die Lösung: Sie sollten sich alle fünf oder zehn Minuten eine kleine Pause gönnen. Sprechen Sie mit Ihrem Partner. Sie haben sich doch sicher noch etwas zu sagen? Vielleicht unterhalten Sie sich über den Kuß. Trinken Sie ein Glas Wasser oder essen Sie ein paar Süßigkeiten. Was gibt es Schöneres als einen Zungenkuß zwischen einer Zunge mit Pfefferminzgeschmack und einem Mund, der nach Kirschbonbon schmeckt? Wie Sie sehen, gibt es zahllose Kombinationsmöglichkeiten. Ihrer Phantasie sind keine Grenzen gesetzt.

Der Eskimo-Kuß

An einem bitterkalten Abend stehen drei junge Mädchen vor einer kleinen Bäckerei in eine Holzbaracke in Barrow, Alaska, und unterhalten sich. Über der Tür verkündet ein Schild KUCHEN UND KAFFEE. Ein junger Mann kommt auf einem Fahrrad angefahren, läßt es in den Schnee fallen und betritt die Bäckerei mit einem der Mädchen. Kaum sind sie drinnen, stellen sie sich auf die Zehenspitzen und fangen an, die Nasen zu reiben.

Eine gutaussehende junge Frau macht sich im Dorf Igloolik bereit, zur Seehundjagd in der kanadischen Arktis aufzubrechen. Sie hat sich ihr Baby auf den Rücken geschnallt und besteigt ein kleines Motorboot. Sie wendet sich noch einmal um, um ihrem Mann zuzulächeln, der durch den Schnee ans Ufer gestapft ist, um sie zu verabschieden. Als sie den Motor anläßt, beugt er sich vor, und die beiden pressen ihre Nasen zusammen.

Die Hochzeitsfeier ist vorbei, und die Jungvermählten wenden sich einander zu. Über den kanadischen Great Slave Lake dröhnen die rituellen Trommeln im Abendnebel, als die beiden Liebenden sich lange Zeit umarmen und die Nasen reiben.

Diese kleinen Szenen illustrieren eine wichtige, aber kaum verstandene Sitte, die man als den Eskimo- oder Nasenkuß kennt. Dieser Kuß ist nicht nur in der Arktis beliebt, sondern auch bei den Maoris in Neuseeland, auf den Gesellschafts- und Sandwich-Inseln, den Tonga-Inseln und bei den meisten der malaiischen Rassen (weshalb dieser Kuß auch als Malaien-Kuß bekannt ist). Er wird auch in Afrika praktiziert und stellt in Asien die verbreitetste Kußform dar. Tatsächlich gehört mehr zu diesem Kuß, als daß zwei Menschen einfach voreinander stehen und sich die Nasen reiben, wie die folgenden Anweisungen zeigen:

Der Eskimo-Kuß für Anfänger

1. Nehmen Sie Ihren Partner in den Arm und drücken Sie ihn an sich.
2. Bringen Sie gleichzeitig Ihr Gesicht ganz nah an das Ihres Partners heran.
3. Berühren Sie mit der Nasenspitze von der Seite behutsam die Nase Ihres Partners.
4. Wenn Ihrer beider Nasen sich berühren, lassen Sie sie aneinander entlanggleiten.
5. Sobald Ihre Nasenspitze die Wange Ihres Partners erreicht, atmen Sie durch die Nase ein und genießen Sie den Duft Ihres Partners.
6. Senken Sie die Augenlider.
7. Schmatzen Sie mit den Lippen, als wollten Sie küssen, aber küssen Sie Ihren Partner nicht wirklich auf die Wange; Sie küssen statt dessen in die Luft.
8. Während Sie in die Luft küssen, atmen Sie durch den Mund ein und genießen Sie den köstlichen Duft Ihres Partners.
9. Bewegen Sie die Nase leicht hin und her und lassen Sie sie seitlich an der Nase Ihres Partners entlanggleiten.
10. Von Zeit zu Zeit sollte Ihre Nasenspitze die Ihres Partners berühren. Lächeln Sie dabei und sehen Sie Ihrem Gegenüber tief in die Augen.
11. Lassen Sie von Zeit zu Zeit *die Seiten* Ihrer Nasen zusammenstoßen. Das ist eine Variante der Gleitbewegung, die bei diesem Kuß am wichtigsten ist.

Variationen des Eskimo-Kusses

Anthropologen haben eine Reihe von Variationen des einfachen Eskimo-Kusses registriert. Charles Darwin hat einen Malaien-Kuß beschrieben, bei dem der Initiator des Kusses die Nase im rechten Winkel an die Nase des Partners heranführt und diese dann reibt. Darwin zufolge dauert dieser Kuß nicht länger als ein Händeschütteln. James Cook hat eine Variante von den Südseeinseln beschrieben, bei der die beiden Nasenwurzeln kräftig aneinander gerieben werden. Andere Forscher haben eine weitere Art aus Australien beschrieben, bei der die Partner lediglich die

Gesichter eineinander reiben. Bei vielen Stämmen stößt der Liebende einfach nur Mund und Nase gegen die Wangen des Partners und atmet dann kräftig ein.

Der Eskimo-Kuß im Gegensatz zum Nasenkuß

Der Leser sollte nicht vergessen, daß der Eskimo-Kuß sich in der Ausführung grundlegend vom Nasenkuß (vgl. das entsprechende Kapitel) unterscheidet. Beim Eskimo-Kuß reiben beide Partner einfach die Nasen aneinander, ohne die Nase dabei mit den Lippen zu küssen, doch beim Nasenkuß küßt man tatsächlich die Nase des Partners mit den Lippen. Beim Eskimo-Kuß jedoch setzt man die Lippen nur dann ein, wenn man die Wange des Partners küßt. Im Gegensatz dazu sind die Lippen beim Nasenkuß ständig in Bewegung und wandern auf der Nase des Partners hinauf und hinunter. Dieser Vergleich macht verständlich, weshalb der Eskimo- und der Nasenkuß einander wunderbar ergänzen. Man kann sie ohne weiteres aufeinander folgen lassen. Beispiel: Nachdem Sie die Nase Ihres Partners mit den Lippen geküßt haben, können Sie Ihre Nase an der des Partners reiben. Wenn Sie allein der Nase Ihres Partners so viel Aufmerksamkeit widmen, dürfen Sie sicher sein, eine Reaktion zu erhalten. Seien Sie aber nicht enttäuscht, wenn es nur ein abwehrendes Schnauben oder ein Lachen ist. Doch bei einem Partner, der mit Ihnen auf einer Wellenlänge ist, kann die Reaktion auch ganz anders aussehen…

Praktizieren Sie ab und zu das Nasenreiben?

FRAUEN:
»Ja, von Zeit zu Zeit.«

»Nur mit meinen Kindern. Es kommt mir ziemlich kindlich und albern vor.«

»Als Kind habe ich es ab und zu getan. Wir hielten es damals für lustig.«

»Mir liegt nicht sonderlich viel daran, aber ich habe es schon getan.«

MÄNNER:
»Ich mag es, wenn unsere Nasen fast *aufeinanderknallen.*«

»Das Nasenreiben klappt am besten, wenn man die Frau einfach nur in den Arm nehmen will und darauf achtet, daß die Gesichter nahe beieinander sind.«

Etwa drei von vier Menschen erklären, daß sie ab und zu das Nasenreiben praktizieren, doch detaillierte Kommentare zu dieser Kußform geben sie nicht ab. Wie jeder Anthropologe versichern wird, sind die Menschen unseres Kulturkreises den Praktiken fremder Gesellschaften gegenüber nicht sehr aufgeschlossen. Indem wir diesen Kuß, den Eskimo-Kuß, nicht öfter praktizieren, versagen wir uns allerdings eine höchst vergnügliche Variante des Liebesspiels. Das Nasenreiben mag zwar als höchst exotische Form des Bemühens zweier Menschen erscheinen, einander nahezukommen, in einigen der Kommentare klingt jedoch an, daß man das Gefühl überwinden muß, dieser Kuß könne kindlich sein, oder daß man lernen muß, den kindlichen Reiz des Eskimo-Kusses schätzen zu lernen und daran Spaß zu haben.

Der japanische Kuß

Die Japaner, die in ihren persönlichen Gewohnheiten meist sehr zurückhaltend und diskret sind, legen dem Küssen gegenüber eine gewisse Scheu an den Tag. Diese »westliche« Sitte gefällt ihnen nicht sonderlich. Sie mögen es nicht einmal, über das Thema zu sprechen. In Japan kommt es nicht einmal zwischen Eltern und Kindern zu Küssen. Liebespaare küssen sich zwar gelegentlich, aber das ist fast immer ein Vorspiel zum Geschlechtsverkehr.

Eine junge Frau aus Japan erklärte mir einmal: »Seitdem ich in Amerika bin, habe ich mich bemüht, amerikanische Sitten anzunehmen, und dazu gehört auch das Küssen. Ich habe einmal zu meinem Mann gesagt: ›Warum sollten wir nicht versuchen, mehr wie die Amerikaner zu werden und mehr zu küssen?‹ Mein Mann war höchst entrüstet und weigerte sich. ›Ich bin Japaner‹, erklärte er, ›und kein Amerikaner.‹ Folglich küßten wir uns nicht sehr oft. Meine Mutter in Japan würde auf der Stelle tot umfallen, wenn sie mitansehen müßte, daß sich zwei Menschen in der Öffentlichkeit küssen – in Japan ist das undenkbar. Und wenn sich im Fernsehen zwei Menschen küssen, würde sie das Gerät sofort ausschalten.«

Hier nun alles, was ich über die Kunst des japanischen Kusses in Erfahrung gebracht habe:

Die Kunst des japanischen Kusses

1. Seien Sie mit Küssen sehr zurückhaltend und scheu.
2. Vergessen Sie alles, was Sie über das Küssen wissen.
3. Ignorieren Sie alles, was Sie zum Thema »Küssen« in diesem Buch bereits gelesen haben.
4. Treten Sie auf keinen Fall näher als dreißig Zentimeter an Ihren Partner heran.
5. Beugen Sie sich vor.
6. Vermeiden Sie, sich an ihn zu schmiegen oder ihn zu umarmen.

7. Halten Sie Ihre Hände im Zaum und lassen Sie sie völlig untätig.
8. Berühren Sie die Unterlippe Ihres Partners ganz sanft mit geschlossenen Lippen.
9. Sagen Sie kein Wort.
10. Lachen Sie nicht.
11. Seien Sie sehr ernst.
12. Tun Sie, als bringe Sie der ganze Vorgang in höchste Verlegenheit.
13. Halten Sie die Lippen kurz auf die Ihres Partners gepreßt, doch sollten Sie weder eine Reaktion erwarten noch davon ausgehen, daß Ihr Kuß erwidert wird.
14. Brechen Sie den Kuß ab und treten Sie einen Schritt zurück.
15. Seien Sie diskret und verraten Sie niemandem ein Wort von diesem Kuß.

»Was zum Teufel soll dieser japanische Kuß? Wozu ist er gut?« höre ich manchen Leser sich fragen. »Er ist so... geschlechtslos!«

Die Wahrheit ist: Er ist alles andere als das! Es mag zwar seltsam erscheinen, doch der japanische Kuß ist einer der erotischsten, die ich in diesem Buch beschrieben habe. Das Element der Zurückhaltung, des Zögerns, der taoistischen Einfachheit – all das hat eine höchst erregende Wirkung. Wenn Sie schon seit einigen Jahren küssen, steht zu vermuten, daß Sie allmählich abgestumpft oder übersättigt werden. Nichts kann Sie mehr überraschen, nichts kommt Ihnen mehr neu vor. Das Küssen verliert seinen Biß, seinen Reiz, seine Erregung, seine stimulierenden Qualitäten. Dies liegt jedoch vor allem daran, daß Sie versucht haben, ständig Fortschritte zu erzielen, wo es in Wahrheit angebracht gewesen wäre, sich in ein früheres Stadium zurückzuversetzen, zu vergessen, wieder zum Anfänger zu werden... und so zu küssen, wie die Japaner es tun.

Der europäische Kuß

Europäer küssen mit einer Leidenschaft und einer Glut, die selbst den dreistetsten und verwöhntesten Hollywood-Star zum Erröten bringen könnte. Gleichwohl hat die Kußtechnik von Europäern nichts Magisches an sich. Jedermann kann sie sich leicht aneignen. Wenn Sie die Ratschläge dieses Kapitels wirklich befolgen, werden Ihre Küsse die gleiche erregende und sinnliche Wirkung haben, mit der Liebende aus Frankreich, Portugal, Spanien, Deutschland, Italien, Griechenland und Skandinavien dem Rest der Welt gegenüber prahlen.

Zwei Italiener machten mich an einem Nachmittag mit dem europäischen Begrüßungskuß bekannt, nachdem ich sie gebeten hatte, mir die Besonderheiten des europäischen Küssens zu erklären. Sie begannen sofort zu erzählen und zeigten mir einen Begrüßungskuß, der in ganz Europa üblich sei. Sie demonstrierten ihn zunächst an sich selbst und dann mit einer jungen Frau, die zufällig aus einem Restaurant auf die Straße trat. (Sie versuchten sogar, den Kuß an mir zu demonstrieren, und das auf offener Straße.) Dieser Begrüßungskuß ist in fast ganz Europa beliebt und läuft folgendermaßen ab:

Der europäische Begrüßungskuß

1. Schütteln Sie sich die Hände.
2. Bewegen Sie sich aufeinander zu und deuten Sie eine Umarmung an.
3. Bei entsprechender Zuneigung können Sie Ihr Gegenüber in den Arm nehmen.
4. Es folgen Küsse auf die Wange, erst auf die eine, dann auf die andere.
5. Während der Umarmung begrüßt man sich.

Wer nicht einem guten Bekannten, sondern seinem Lieblingspartner gegenübersteht, wird diesen Begrüßungskuß natürlich modifizieren und etwas romantischer gestalten. Diese Modifikation läßt sich jedoch leicht erreichen: Wenn Sie das nächste Mal bei einem Kuß neben Ihrem Partner stehen, können Sie den Kuß schnell unterbrechen und die Position wechseln, um die andere Seite zu küssen und Ihren Partner aus einem anderen Winkel zu umarmen. So wird der Grundbestandteil des Begrüßungskusses, das Küssen auf beide Wangen, so etwas wie ein Stimulans liefern und die Umarmung etwas liebevoller gestalten. Natürlich können Sie Ihren Partner oder Ihre Partnerin auch bei einer Begrüßung so küssen, vor allem dann, wenn Sie ihn bei einer Begegnung ohnehin küssen würden. Durch Übernahme einiger Elemente des Begrüßungskusses machen Sie Ihre Begegnungen künftig sinnlich und ausdrucksvoll.

Ein weiterer, vor allem in Polen beliebter Begrüßungskuß ist der Handkuß. Wo man sich in anderen Ländern die Hand gibt, küssen in Warschau die Männer einer Dame die Hand, wenn sie ihr begegnen. Dort, wo der Handkuß eine normale und erwartete Begrüßung ist, hält ihn kein Mensch für einen Gruß mit sexuellen Untertönen; er ist ein Ausdruck von Achtung und nicht von Liebe. In Ländern jedoch, in denen der Handkuß unüblich oder unbekannt ist, wird man ihn als *den* sinnlichen Begrüßungskuß ansehen. Machen Sie es wie folgt:

Der Handkuß

1. Ergreifen Sie die Hand der Frau und halten Sie sie so, daß ihr Handrücken oben ist.
2. Jetzt können Sie entweder ihre Hand an die Lippen führen oder, wenn Sie noch mehr Respekt zeigen wollen, Ihre Lippen auf die Hand der Frau senken.
3. Küssen Sie die Hand sanft, wobei der Kuß weder laut noch feucht sein darf.
4. Bei etwas förmlicheren Handküssen wird der Kuß nur angedeutet, ohne daß die Lippen die Hand berühren dürfen.

Neben diesen Begrüßungsküssen wandeln manche Europäer auch den traditionellen Lippenkuß ab, um das Küssen erotischer und leidenschaftlicher zu machen.

Variationen des traditionellen Kusses

1. Beginnen Sie spielerisch und unverkrampft. Geben Sie Ihre ersten Küsse wie beiläufig.
2. Vergessen Sie die Uhr und sagen Sie sich, daß Sie Ihren Partner nur ein- oder zweimal küssen wollen. Nach den ersten paar Küssen sollten Sie einige Zeit einfach nur zusammensitzen. Dann fangen Sie dort an, wo Sie aufgehört haben, und geben ein paar weitere beiläufige Küsse.
3. Das Ganze sollte etwa zwei- oder dreimal so lange dauern wie gewohnt.
4. Küssen Sie den ganzen Körper Ihres Partners oder Ihrer Partnerin und verweilen Sie kurz an jeder von Ihnen geküßten Stelle. Versuchen Sie sich vorzustellen, die Lippen Ihres Partners seien Bonbons, und saugen und lutschen Sie daran, bis Sie ihre Süße schmecken können.
5. Wenn Sie aufrecht stehen, sollten Sie nahe an Ihren Partner herantreten, aber nicht Zehenspitze an Zehenspitze; statt dessen sollten Sie Ihrem Partner/Ihrer Partnerin das rechte oder linke Bein zwischen seine/ihre schieben. Im Sitzen kann die Frau ihre Beine über die des Mannes legen. Je komplizierter Ihre Stellungen sind, um so erotischer werden Ihre Küsse sein.
6. Überraschen Sie Ihren Partner durch einige unerwartete Küsse. Beispiele: Ein festes Saugen, ein Biß, ein Wanderkuß, ein Nasenkuß, ein Augenkuß, ein Ohrenkuß und ein Lippenkuß in schneller Folge.
7. Das wichtigste Element dieses »europäischen« Küssens betrifft Ihre Motivation. Vergessen Sie alles, was Sie mit Ihrem Partner oder Ihrer Partnerin sonst tun könnten, und vor allem sollten Sie das * * * * * * * * vergessen. Versuchen Sie, allein durch Küssen zu lieben. Damit sind Sie für diese heiße und glutvolle Form des Küssens seelisch bestens gerüstet.

Was man zwischen den Küssen sagen sollte

Zwischen den Küssen dürfen Sie sich ruhig einmal gehenlassen und sagen, wie Ihnen zumute ist. Wenn Sie Ihren Partner oder Ihre Partnerin gut kennen, wird Ihnen schon etwas einfallen. Sie werden wissen, was der andere gern hört.

Der Kuß der Trobriand-Inseln

Hier nun ein Kuß, von dem Ihr Partner oder Ihre Partnerin vermutlich noch nie etwas gehört hat – ein Kuß, der nach der Inselgruppe in der Südsee benannt ist, wo er allgemein üblich ist. Der Kuß war dem Rest der Welt bis 1929 völlig unbekannt, als der Anthropologe Bronislaw Malinowski die Trobriand-Inseln besuchte, um die bizarren sexuellen Gewohnheiten ihrer Bewohner zu untersuchen. Die Ergebnisse seiner Arbeit hat er in einem großartigen Forschungsbericht niedergelegt, *Das Geschlechtsleben der Wilden in Nordwest-Melanesien.*

Die Trobriand-Inseln liegen knapp dreitausend Kilometer nördlich des australischen Sydney, in dem Teil des Südpazifik, der als Melanesien bekannt ist. Die Eingeborenen der Inseln sind dunkelhäutig und gehören zur paupo-melanesischen Rasse. Malinowski studierte jeden Aspekt ihres Geschlechtslebens, angefangen bei vorehelichem Geschlechtsverkehr über Heirat, Schwangerschaft, Geburt bis hin zum Beischlaf und allen Formen des erotischen Lebens. Das Werk trug Malinowski weltweite Anerkennung ein, und in der Kulturanthropologie hat sein Name fast den Rang eines Charles Darwin.

Malinowski fand heraus, daß die Trobriand-Eingeborenen unsere Art des Küssens (indem man Mund auf Mund preßt) für eine ziemlich alberne und langweilige Angelegenheit halten. Doch obwohl die Trobriand-Bewohner nicht so küssen, wie wir es tun, benutzen sie bei der Liebe auch den Mund. Ein Liebespaar beginnt typischerweise meist mit einem längeren Gespräch, bei dem beide Partner sich die Haare kämmen und einander umarmen und liebkosen. Sie reiben auch ihre *Wangen* und Mund an Mund – ohne sich zu küssen. Dann saugen beide Partner an den Zungen, eine Variante des Zungenkusses. Wenn es dann etwas ernster zur Sache geht, beginnen sie, Zungenspitze an Zungenspitze zu reiben. Der nächste entscheidende Schritt: Jeder beißt und saugt an der Unterlippe des Partners, bis diese zu bluten beginnt, und dann beißen sich beide gegenseitig die Augenwimpern ab. Dazu kommt es vor allem beim Orgasmus, aber auch in den einzelnen Phasen des Vorspiels. Die Partner tauschen auch

Speichel aus und beißen sich gegenseitig in Kinn, Wange und Nase. In Augenblicken heftiger Leidenschaft reißen sie einander auch so kräftig an den Haaren, daß sie sich gegenseitig ganze Büschel dabei ausreißen! Zugegebenermaßen eine etwas extremere Form des Küssens.

Für Wagemutige, die etwas Neues ausprobieren wollen, hier nun einige Anweisungen zum Kuß der Trobriand-Inseln. Sie müssen nicht unbedingt jeden Schritt mitmachen, sondern können das auslassen, was Ihnen nicht zusagt.

Wie sich die Bewohner der Trobriand-Inseln küssen

1. Treten Sie nahe aneinander heran. Setzen Sie sich beide auf einen Teppich oder eine Matte.
2. Beginnen Sie eine Unterhaltung.
3. Umarmen und liebkosen Sie sich gegenseitig.
4. Fahren Sie Ihrem Partner mit den Händen durch die Haare.
5. Reiben Sie die Nasen aneinander.
6. Reiben Sie Wange an Wange.
7. Reiben Sie die Lippen aneinander – ohne zu küssen!
8. Saugen Sie einander an den Zungen.
9. *Reiben* Sie Zunge an Zunge.
10. Saugen Sie *kräftig* an der Unterlippe Ihres Partners oder Ihrer Partnerin.
11. Beißen Sie zu, bis die Unterlippe zu bluten beginnt.
12. Tauschen Sie von Mund zu Mund Speichel aus.
13. Beißen Sie Ihrem Partner oder Ihrer Partnerin ins Kinn.
14. Beißen Sie Ihrem Partner oder Ihrer Partnerin in die Wange.
15. Knabbern Sie behutsam an der Nase Ihres Partners oder Ihrer Partnerin.
16. Zerwühlen Sie Ihrem Partner oder Ihrer Partnerin das Haar und zerren Sie kräftig daran.
17. Beißen Sie Ihrem Partner die Spitzen der Augenwimpern ab.

Das wohl ungewöhnlichste Element dieses Kusses ist das Abbeißen der Augenwimpern. (Malinowski zufolge haben sämtliche erwachsenen Bewohner der Trobriand-Inseln kurze, abgebissene Augenwimpern.) Andere Aspekte dieses Kusses dürften uns jedoch nicht ganz unvertraut sein. So mögen es zum Beispiel viele Europäer und Amerikaner, Ihrem Partner das Haar zu zerwühlen, die Nasen aneinander zu reiben und sogar an der Unterlippe des Partners zu saugen oder sie zu beißen. Als ich im Rahmen meiner Untersuchung danach fragte, ob das Saugen an der Unterlippe des Partners praktiziert werde, antworteten die meisten mit »ja«, was die Vermutung nahelegt, daß auch Ihr Partner oder Ihre Partnerin geneigt sein könnte, einige Teile des Trobriand-Kusses zu probieren.

Dieser Kuß setzt eine gewisse Wildheit und Hemmungslosigkeit voraus. Es kann sein, daß diese neue Erfahrung Sie völlig verändert; wenn Ihnen jedoch nach Experimenten zumute ist, sollten Sie loslegen und mit dem Ritual beginnen. Lassen Sie den Wilden in sich frei. Sie werden im Geist die Buschtrommeln hören. Und wenn Freunde Sie zufällig fragen, was mit Ihren Augenwimpern passiert sei, lächeln Sie einfach und antworten: »Noch nie was von den Trobriand-Inseln gehört?«

Vierter Teil

Kußtechnik

Kußtechnik

Eine junge College-Studentin war einmal mit einem jungen Mann befreundet, der sehr gut küßte. Eines Abends saßen sie in ihrer Studentenbude und waren gerade bei einem Zungenkuß, als sie sich plötzlich zurücklehnte. »Ich weiß, es hört sich verrückt an«, sagte sie, »aber... nun ja... mache ich es *richtig*?«

Wie sie sich erinnert, verbrachte ihr Freund die nächsten Stunden damit, ihr zu zeigen, wie man besser küßt und mehr Spaß daran hat. Vor allem brachte er ihr bei, wie man etwas aggressiver mit der Zunge umgeht. Wären doch nur alle Hausaufgaben so beschaffen... Damit sollten wir ohne weitere Verzögerung mit unserem Kurs in heutiger Kußtechnik beginnen.

Gucken oder nicht?

Die Frage, ob Liebende mit offenen oder geschlossenen Augen küssen sollten, ist von grundlegender Bedeutung. Es war genau diese Frage, die mich dazu brachte, dieses Buch zu schreiben, und ich bin froh, dem Leser hier ein paar definitive Antworten geben zu können. Mehr als zwei Drittel der von mir Befragten ziehen es vor, ihre Augen beim Küssen geschlossen zu halten. Jedoch macht es ihnen nichts aus, wenn ihr Partner oder ihre Partnerin die Augen offenhält. Nur jeder dritte küßt gern mit offenen Augen – und wenn das auch bei *Ihrem* Partner der Fall ist, dürfen Sie das als Kompliment werten. »Ich ziehe das Küssen mit offenen Augen vor, es sei denn, das Mädchen ist nicht sehr hübsch«, wie ein vierundzwanzigjähriger junger Mann sagte.

Über Ihre äußere Erscheinung sollten Sie sich jedoch keine ernsthaften Gedanken machen. Wenn Ihr Partner oder Ihre Partnerin Sie mit offenen Augen küßt, sieht man ohnehin nicht allzuviel. Und da das Gehirn aus der Nähe betrachtete Gesichter als erotisch registriert, werden Sie für Ihren Partner um so anziehender wirken, wenn Sie sich von Angesicht zu Angesicht gegenüberstehen oder -sitzen. Sie sollten also ab und zu die Augen öffnen und dieses Gefühl genießen!

»Ich sehe gern, wie mein Freund aussieht und wie er reagiert.«

»Manchmal hat ein längerer Augenkontakt eine verblüffende Wirkung.«

»Wenn ich verliebt bin, mag ich es, wenn beide die Augen offenhalten. Ich blicke meinem Freund gern in die Augen. Dann habe ich das Gefühl, seelisch mit ihm verbunden zu sein.«

»Ich küsse meist mit geschlossenen Augen, weil es romantischer ist. Manchmal blinzele ich meinen Mann jedoch an, weil er dann einen so zärtlichen Gesichtsausdruck hat.«

»Ich mag es, wenn ich meinen Freund beim Küssen sehen kann. Manchmal drehe ich dann mit offenen Augen den Kopf, um in einen Spiegel zu sehen. Das macht mich ganz schön an.«

Beim Küssen sprechen oder nicht?

Stumme Liebespaare, mal herhören! Die Mehrheit aller Männer und Frauen (sechzig Prozent) mag es, beim Küssen zu sprechen. »Wenn meine Freundin beim Schmusen und Küssen nicht mit mir sprechen würde, würde ich glauben, daß sie mich nicht richtig gern hat«, wie einer der Befragten erklärte. Wozu schamhaft sein? Immerhin ist es kein fremder Mensch, den man küßt. Unterbrechen Sie den Kuß einfach, während Sie Ihren Partner noch umarmen, und sagen Sie ihm etwas Nettes. Dann kann es mit dem Kuß weitergehen. Wenn sie das nächste Mal den Lippenkontakt unterbrechen, legen Sie Ihrem Partner den Mund ans Ohr und flüstern Sie etwas Erotisches. Wie weit Sie dabei gehen wollen, bleibt Ihrem Feingefühl überlassen.

Fast alle Europäer und Amerikaner halten unanständige Wörter für tabu. Nur rund ein Drittel aller Paare flüstern sich beim Küssen oder bei der Liebe erotisch geladene oder unanständige Wörter zu. Eine Frau gab offen zu: »Nein, damit habe ich ein Problem. Ich bringe es wegen meiner katholischen Erziehung nicht über mich.« Paare jedoch, die sich nicht scheuen, unanständige Wörter in den Mund zu nehmen, berichten, daß es sehr anregend sei, dem jeweiligen Partner zwischen den Küssen etwas

Aufreizendes zuzuflüstern. Manchmal löst es sogar ein Lachen aus, und das bringt uns zum:

Lachen beim Küssen

Wenn Ihr Partner beim Küssen lacht oder kichert, sollten Sie nicht gleich beleidigt sein. Sexuelle Intimität bringt viele Menschen zum Lachen. 80 Prozent der Männer und 96 Prozent der Frauen berichten, daß sie beim Küssen wegen des Vergnügens daran manchmal kichern. Und zwei Prozent weinen sogar, wenn ein Kuß unterträglich schön gewesen ist. Wenn Ihr Partner also beim Küssen lacht, wissen Sie, daß Sie alles *richtig* gemacht haben.

Wo bleibt man beim Küssen mit den Händen?

Lippe an Lippe – das dürfte normalerweise der erste Körperkontakt zweier Liebender sein; es kann sein, daß die Hände erst nach den ersten Küssen ins Spiel kommen. Männer mögen es oft, wenn eine Frau beim Küssen ihr Gesicht zwischen beide Hände nimmt. Das ist eine sehr zärtliche und liebevolle Geste. Und einer Frau wird es gefallen, wenn ein Mann dabei die Finger am Rückgrat auf und ab gleiten läßt. Hier noch einige weitere Vorschläge:

FRAUEN:
»Ich streichle ihm zärtlich über den Nacken oder die Wangen oder fahre ihm mit den Fingern durchs Haar.«

»Ich spiele mit seinem Haar, massiere seine Muskeln, ziehe sein Hemd hoch, damit ich die Haut auf seinem Rücken spüren kann.«

»Meine Hände sind dauernd in Bewegung – in seinem Haar und auf seinem Rücken. Manchmal halten wir uns an einer Hand oder an beiden Händen. Ich berühre mit den Fingern sein Gesicht (Augen, Wange, Stirn, Lippen). Manchmal lege ich ihm eine Hand auf ein Ohr. Es kommt auch vor, daß ich die Hände auf seine Hüften lege.«

»Wenn es mein Mann ist, berühre ich sein Haar, seine Ohren, seine Schultern, den Rücken, das Hinterteil, und so weiter.«

»Ich streichle meinem Partner über Kopf, Arme und den ganzen Körper.«

»Ich mag es, sein Gesicht zu halten, ihm die Schultern zu reiben, die Brust und manchmal auch das Bein.«

»Ich erkunde behutsam seinen Körper und bringe ihn so langsam auf Touren.«

MÄNNER:
»Ich streichle ihr meist den Popo, die Schenkel, die Seiten der Brüste, die Ohren, manchmal sogar die Finger.«

»Ich lege dem Mädchen meist die Hände um die Hüfte.«

Küssen und geküßt werden

Ein kleiner, aber feiner Unterschied! Viele Schriftsteller haben wunderbare Essays darüber geschrieben, wie sie Küssen vom *Geküßtwerden* unterscheiden. Sie haben beschrieben, wie sie abwechselnd aggressiv knutschen und dann passiv die Zärtlichkeiten ihres Partners über sich ergehen lassen. Manchmal können solche ungleichen Bemühungen eine wundervolle Wirkung haben, etwa wenn man jemanden küßt, der ganz sanft ist und die Berührung der Lippen lediglich duldet, der keinen Hinweis darauf gibt, ob er von tiefem Verlangen schier verbrennt oder vor Abneigung ganz kühl ist, bis man vielleicht nach Minuten der Angst die langsame, bebende Reaktion von Lippen spürt, die unfreiwillig zu beben beginnen und Ihrer entschlossenen Attacke den Weg frei machen, so daß Ihr Puls plötzlich in die Höhe schießt und Ihre Nerven prickeln und singen.

»Es kommt vor, daß ich geküßt werde, ohne den Kuß zu erwidern, und umgekehrt. Es ist durchaus möglich, mal passiv zu sein und sich nicht aktiv am Kuß zu beteiligen.«

»Die Trennungslinie ist sehr schmal. Es kommt vor, daß einen jemand küßt, und er denkt, man küßt zurück, aber in Wahrheit hält man nur still.«

»Ich habe meinem Freund manchmal gesagt, er soll stillhalten, wenn ich ihn küsse. Wenn er versucht, den Kuß zu erwidern, sage ich ihm, er soll stillhalten – nur fühlen und genießen. Das erregt ihn meist sehr.«

»Wissen Sie, was wirklich Spaß macht? Wenn man einen Mann küßt und ihm sagt, er soll den Kuß nicht erwidern, so daß man selbst alles tut und für den ganzen Kuß verantwortlich ist. Das finde ich sehr sexy!«

Telefonküsse

Bei jüngeren Teenagern sehr beliebt, werden Telefonküsse neuerdings auch gern von erwachsenen Liebenden benutzt. Die Technik ist einfach: Man haucht einen Schmatz ins Telefon, meist bevor man auflegt. Manche Leute sagen, sie fühlten sich dabei albern, so daß jeder selbst entscheiden muß, ob er es damit versuchen will.

MÄNNER:
»Meine Kinder tun das, wenn sie sich am Telefon von mir verabschieden. Bei mir kommt es aber auch vor. Es ist für mich weder albern noch infantil...«

»Ab und zu ein Schmatz. Meist fühle ich mich bei Liebesgesäusel übers Telefon jedoch unbehaglich.«

»Nein. Es hört sich blöd an und macht den Hörer ganz glitschig.«

FRAUEN:
»Als albernen Scherz mache ich es manchmal. Ich halte es manchmal für lustig, manchmal für albern. Ich schürze die Lippen, sauge die Luft durch die Lippen ein und mache ein *laaanges* Kußgeräusch. Es kann sich manchmal gemein anhören, macht aber Spaß.«

»Ich mag so richtig schmatzende Telefonküsse. Ich habe einen Telefonfreund, den ich kennenlernte, als ich mich einmal verwählt hatte. Er ruft mich ab und zu an und küßt mich, ohne auch nur Hallo zu sagen. Ich liebe das.«

»Das tue ich dauernd.«

»Ich tue es, aber ich mag das Geräusch am Telefon nicht.«

»Ja, ich erkläre dem Mann am Telefon genau, wie ich ihn beim nächsten Mal küssen werde, wenn ich ihn allein erwische.«

»Meine Tochter und ich haben einen eigenen Telefonkuß füreinander entwickelt. Es beginnt mit einem *Mmm*, das dann zu einem richtigen Schmatz ergänzt wird – ein verbaler Kuß.«

»Ich kann meinen Freund nur am Wochenende sehen (er wohnt achtzig Kilometer entfernt), und wir rufen uns jeden Abend an, so daß wir unsere Gespräche oft mit einem Telefonkuß beenden.«

»Ja. Ich sage etwa: ›Mach die Augen zu. Denk an mich, hol ganz tief Luft, und dann küssen wir!‹«

Der richtige Moment bei einer Verabredung

Frank und Sally sind ein Liebespaar und haben sich seit drei Tagen nicht mehr gesehen. Heute abend wollen sie ins Kino. Während Frank zu Sallys Wohnung hinaufsteigt, denkt er: »Ich kann es gar nicht abwarten, sie wiederzusehen.« Er ist sich dessen nicht bewußt, aber seine große Vorfreude hat seine Handflächen ganz feucht gemacht. Als er vor der Tür steht und klingelt, atmet er schnell und stoßweise, und im Hinterkopf hat er ein warmes und angenehmes Gefühl der Erwartung, wie wunderbar und richtig die Welt wird, wenn er mit Sally zusammen ist.

In der Wohnung ist Sally gerade dabei, ihr Haar mit einem Stirnband festzubinden, als es an der Tür läutet. »Das ist er!« sagt sie sich. Ihr Herz beginnt zu rasen, und die Kehle wird ihr trocken und schnürt sich zusammen. Frank geht ins Wohnzimmer, und die beiden starren sich eine volle Minute lang an. Beide spüren ein intensives Glücksgefühl und zugleich eine fast schmerzhafte Sehnsucht nach einander. Sie stehen nur etwa einen Meter voneinander entfernt, als eine unsichtbare Kraft sie aufeinander zuzutreiben scheint. Sie nähern sich einander zu einem schnellen Begrüßungskuß. Je näher Sally an Frank herantritt, um so mehr strahlen ihre Augen. Frank kann es gar nicht abwarten, ihr nahe zu sein, und glaubt kaum, daß er das Glück hat, gleich zu Beginn der Verabredung einen Kuß zu bekommen! Als die beiden näher kommen, halten beide Augenkontakt miteinander, fast bis zum letzten Sekundenbruchteil, bevor ihre Lippen sich begegnen. Sie küssen sich kurz, aber leidenschaftlich auf die Lippen. Es ist ein Kuß, der beider Gefühle weit besser vermittelt, als es Worte könnten. Wenn man gezwungen wäre, die Stimmung in Worte zu fassen, würden sie so lauten: »Wir sind füreinander geschaffen!«

Manche Menschen mögen einen schnellen Kuß zu Beginn einer Verabredung, wenn sie sich gerade getroffen haben. Diese Begrüßungsküsse funktionieren bei Paaren wie Frank und Sally, die sich einigermaßen gut kennen, wohl am besten. Andere scheinen zu glauben, es gebe so etwas wie ein ungeschriebenes Gesetz, das ein Paar *verpflichte*, sich bei Beginn eines Treffens zu küssen. Natürlich gibt es keinerlei Vorschriften, doch kann ein Kuß gleich zu Beginn das Eis brechen.

»Zu Beginn küssen wir uns auf die Wangen, was eine Art Begrüßung ist.«

»Ein Kuß gleich zu Anfang ist eine liebenswürdige Form der Begrüßung.«

»Wenn man sich trifft, kann man einen förmlichen Kuß erwarten.«

»Die Leute sollten sich küssen, wenn ihnen am meisten danach zumute ist. Bei manchen Menschen ist das gleich bei der Begrüßung.«

Eine junge Frau vertrat die genau entgegengesetzte Meinung:
»Wenn man sich zu einer Verabredung trifft, sollte man sich auf keinen Fall gleich küssen.«

Und das bringt uns zu der uralten Frage, ob man sich bei einer *ersten* Verabredung küssen soll. Als Sally Frank kennenlernte, sagte sie ihm, sie küsse Jungen erst bei der *sechsten* Verabredung. Da er dies nun wußte, lud Frank sie an sechs Abenden hintereinander ein, um so die ersten fünf kußlosen Abende möglichst schnell hinter sich zu bringen, und dann erlaubte ihm Sally einen ersten Kuß. Obwohl nicht jeder der Meinung sein dürfte, daß es nach so starren Regeln zugehen soll, scheinen viele junge Leute die Ansicht zu vertreten, daß man bei der ersten Verabredung nicht küssen sollte. Fast ebenso viele halten es jedoch für völlig in Ordnung…

DAGEGEN:
»Keine Küsse beim ersten Mal. Wenn man aber gemeinsam ausgegangen ist, sieht es schon anders aus, und wenn beide es wünschen, kann man sich den ganzen Abend küssen.«

»Wenn es die erste Verabredung ist, sollte man sich besser nicht küssen.«

»Wenn es das erste Treffen ist, sollte man sich nicht küssen – es sei denn, es war ein ungewöhnlich schöner Abend.«

»Die Frage, wann man sich bei einem Treffen küssen sollte, hängt davon ab, mit wem man zusammen ist. Ich küsse meist nicht gleich beim ersten Mal, aber das liegt daran, daß ich nicht die Absicht habe, diesen jungen Mann wiederzusehen.«

DAFÜR:

»Bei den ersten Verabredungen kann man sich beim Abschied einen Gutenachtkuß geben.«

»Beim ersten Treffen sollte man sich meiner Ansicht nach küssen, wenn man sich verabschiedet. Wenn man schon ein paarmal miteinander ausgegangen ist, kann man sich bei der Begrüßung küssen und auch beim Abschied.«

»Das hängt davon ab, wie lange man sich schon kennt. Ich bin acht Monate mit einem jungen Mann ausgegangen, und gegen Ende dieser Beziehung küßten wir uns die ganze Zeit. Zu Anfang halte ich es für das beste, wenn man sich bei der Begrüßung einen flüchtigen Kuß gibt und am Ende noch einen schönen Gutenachtkuß.«

»Das kommt ganz auf die Beziehung zu dem Betreffenden an. Bei der ersten Verabredung sollte man sich vielleicht gegen Ende des Abends küssen. Wenn man den jungen Mann aber kennt und sich schon eine Weile mit ihm trifft, sollten sich beide immer dann küssen, wenn ihnen danach ist. Ich bin sicher, daß beide dann immer einverstanden sein werden.«

Es kommt vor allem auf eins an: Es wird um so leichter zum Kuß kommen, je mehr beide auf der gleichen Wellenlänge sind. Halten Sie die Unterhaltung in Gang, sehen Sie sich lange verträumt in die Augen, damit die Erregung zwischen Ihnen steigt. Jemand hat mal gesagt, daß zwei Menschen sich ineinander verlieben werden, wenn sie sich fünf Minuten lang in die Augen blicken. Ein langer Augenkontakt wird Sie beide aufeinander einstimmen, so daß ein Kuß dann nur natürlich erscheint.

Hier nur ein paar Tips, wann man bei einer Verabredung küssen sollte:

- Wenn Sie gerade ein Restaurant verlassen haben und eng neben Ihrem Partner stehen und Sie beide noch nicht wissen, wohin Sie gehen wollen.
- Wenn Sie beide in einem Museum sind und nebeneinander vor einem Kunstwerk stehen.
- Bei einer Verabredung nach einer guten Unterhaltung und längerem Augenkontakt.

- Wenn Sie gerade einen guten Witz gemacht haben, und Sie beide lachen und guter Stimmung sind.

Wann sollte man bei einer Verabredung küssen?

FRAUEN:
»Immer dann, wenn seine und meine Lippen einander näherkommen, und beim Abschied auf jeden Fall.«

»Meist nach gut zwei Stunden oder dann, wenn wir beide uns zueinander hingezogen fühlen. Bei mir ist das meist nach einem langen Gespräch oder nach dem Essen der Fall. Und dann beim Abschied – das ist eine Art Höflichkeit, ein Dankeschön. Natürlich auch jederzeit am Abend, wenn die Situation (Stimmung) es gebietet.«

»Ich bin der Meinung, daß ein Kuß im Grunde jederzeit paßt, wenn man mit dem richtigen Mann zusammen ist. Wenn der Moment gekommen ist, sollte man ihn einfach küssen.«

»Der beste Moment ist immer dann, wenn der andere es gar nicht erwartet. So wird der Abend schöner und aufregender.«

»Wenn man schon ein paar Stunden gemeinsam zugebracht hat. Dann sollte man wissen, ob einem gefällt, was man sieht. Vorher muß man eben das Gelände sondieren.«

MÄNNER:
»Ich küsse gern am Ende des Abends.«

»Das hängt definitiv davon ab, wo man sich gerade befindet. Wenn man mit einem Mädchen etwa ins Kino geht, wird man sich vielleicht gern in die letzte Reihe setzen, und wenn das Licht ausgeht, kann man einen Vorstoß machen. Ich habe schon Küsse erlebt, die so lang waren wie der Film. Wenn man das Mädchen aber nicht allzu gut kennt, ist das Kino vielleicht nicht der beste Ort, denn dann kann es einem passieren, daß man plötzlich eine Faust im Mund hat statt einer Zunge.«

»Ich lasse das Mädchen immer das tun, was es will und wann es es will.«

Der Versöhnungskuß

Einer der köstlichsten Augenblicke des Verliebtseins kann das Ende eines Streits sein, wenn man sich versöhnt. Liebende haben sich schon immer um der belanglosesten Dinge willen gestritten und voller Zorn geschworen, sich nie wiedersehen zu wollen. Doch dann kommt es zu der unvermeidlichen Versöhnung – manchmal schon nach wenigen Minuten oder gar Sekunden. Alle zornigen Gefühle werden urplötzlich zu verzückter Ergebenheit. Die beiden Liebenden haben das Gefühl, einander noch nie näher gewesen zu sein. Wenn Ihre Differenzen beigelegt sind, werden Sie das Gefühl haben, eine völlig neue Liebe zu erleben. Der Versöhnungskuß, der einen solchen Wendepunkt einer Beziehung markiert, ist ein besonderes und wunderbares Experiment in der Alchimie des Herzens. Hier ein Beispiel, wie es funktionieren und wie durch Zauberei zu einer Versöhnung kommen könnte:

- Wenn Sie beide immer noch wütend aufeinander sind, sollten Sie behutsam vorgehen und Ihre Absichten durch nichts zu erkennen geben. Lassen Sie Ihren Partner in dem Glauben, Sie wollten nur noch etwas zu dem Streit sagen.
- Kurz vor dem Kuß sollten Sie schnell ein versöhnliches Wort sagen, beispielsweise: »Weshalb streiten wir uns eigentlich? Laß uns doch damit aufhören.«
- Geben Sie Ihrem Partner schnell einen Kuß, um die Stimmung zu testen.
- Wenn dieser erste Kuß akzeptiert wird, sollten Sie *sofort* einen längeren folgen lassen.
- Wenn Sie kurz zuvor gestritten haben, werden Sie beide spüren, wie die Hitze des Zorns sich wie durch ein Wunder in die Ekstase der Versöhnung verwandelt.

Die Franzosen, denen man eine besondere Begabung für Herzensdinge nachsagt, besaßen zur Zeit Molières eine Theatertradition, zu der auch versöhnliche Liebesszenen gehörten. Solche Szenen kamen oft in Komödien vor, was auf einen wichtigen

Punkt bei Versöhnungsküssen hinweist: Bei diesem Kuß sollte man seinen Sinn für Humor nicht verlieren. Sie sollten vielleicht gerade in der Hitze des Gefechts einen Vorstoß wagen, denn eine unerwartete Geste der Versöhnung bringt vielleicht zunächst ein Lächeln und dann ein vergnügtes Lachen auf die Lippen Ihres Partners.

Küssen im Kino

Überraschenderweise erklären die meisten Menschen, sie küßten nicht gern im Kino; sie zögen es vor, sich den Film anzusehen. Die 30 Prozent der Männer und 40 Prozent der Frauen, die gern im Kino küssen, mögen es allerdings nicht, wenn dabei andere Menschen hinter ihnen sitzen. Sie küssen sich meist dann, wenn es auf der Leinwand zu romantischen oder zärtlichen Augenblicken kommt, oder gleich zu Anfang, wenn das Licht ausgeht. Küsse im Kino sind allerdings nicht allzu leidenschaftlich; meist sind es kurze, hingehauchte Küsse.

Wenn Ihr Partner im Kino gern küßt, sollten Sie ihm das »Papageienspiel« beibringen: Sie küssen sich immer dann, wenn es auch die Schauspieler auf der Leinwand tun. Das funktioniert natürlich am besten bei Liebesfilmen.

FRAUEN:

»Wenn im Kino Leute hinter mir sitzen, mag ich es meist nicht. Bei herzerwärmenden Szenen habe ich allerdings schon geküßt, wenn beispielsweise Familien zusammenkommen oder bei schönen Naturszenen. Es ist schön, im Dunkeln und in einer nichtprivaten Umgebung in der Nähe und Wärme meines Freundes zu sitzen.«

»Küssen tue ich nicht gern im Kino, aber ich *liebe* es, bei einem Film zu fummeln, bis es fast unerträglich wird!«

»Küssen im Kino ist in Ordnung, aber wenn Leute hinter uns sitzen, würde ich es nicht tun. Ich halte das für unhöflich.«

»Ich tue es manchmal, wenn der Film schlecht ist.«

»Vielleicht ein oder zwei kleine Küsse im Kino. Bei einer romantischen oder gefühlvollen Szene, in die wir uns hineinversetzen können.«

»Wenn ein Film mich gleichgültig läßt, habe ich das Gefühl, ich könnte etwas tun, was mir mehr Spaß macht.«

»Ich küsse bei romantischen Szenen, und wenn es auf der Leinwand grauslich wird, halte ich gern Händchen.«

»Ich küsse meist bei saftigen Szenen.«

Küssen im Auto

Bei unserer Untersuchung haben so viele der Befragten (98 Prozent) erklärt, sie küßten gern im Auto, daß es mir wie ein Wunder vorkommt, daß die Autohersteller in ihren Anzeigen nicht darauf hinweisen, daß ihre Fabrikate »genug Platz zum Küssen« bieten. Hier nur ein paar kurze Hinweise darauf, wann, wo und wie man im Auto küßt.

»Ich küsse meinen Mann manchmal beim Fahren auf die Lippen. Diese Technik erfordert äußerste Behutsamkeit, denn ich muß meinen Kopf so neigen, daß ich ihm nicht den Blick versperre. Meist ist das Küssen im Auto jedoch nicht das Gelbe vom Ei – man muß sich drehen und winden und hat meist keine Möglichkeit, einen entsprechenden Körperkontakt herzustellen.«

»Wir küssen uns, wenn wir bei Rot an der Ampel stehen.«

»Meist fährt mein Freund, und wenn der Wagen fährt, gebe ich ihm wegen des Winkels nur einen Kuß auf die Wange. Wenn der Wagen bei Rot hält, dreht er sich zu mir um, und dann küssen wir uns auch auf die Lippen. Manchmal haben wir uns auch beim Fahren auf die Lippen geküßt, aber das kommt nur bei leichtem Verkehr vor.«

»Wenn mich jemand abholt oder absetzt, gibt es immer einen Begrüßungs- und Abschiedskuß.«

»Wenn ich im Auto küsse, dann meist auf dem Vordersitz. Es macht immer Spaß zu sehen, wie allmählich die Scheiben beschlagen. Das ist aufregend.«

»Küssen in einem geparkten Wagen gehört bei mir zum Vorspiel.«

»Als ich mit meinem jetzigen Freund in der Karibik Urlaub machte, fuhren wir einmal auf einen schönen Berggipfel mit einer großartigen Aussicht. Dort haben wir uns geküßt. Ich fühlte mich wie ein Teenager in einem Drive-In-Kino oder auf einem verschwiegenen Parkplatz.«

»Es ist aufregend, im Auto zu küssen, weil es dort nicht so ganz leicht ist, richtig zur Sache zu kommen. Das ist vermutlich auch der Grund, warum ich gern an Orten küsse, wo es unbequem ist, und dafür sind Autos nur *ein* Beispiel.«

»Natürlich küsse ich im Auto. Dort haben wir es doch alle gelernt. Auch auf dem Rücksitz!«

»Was habe ich im Auto schon alles getan! Ich überrasche meinen Mann gern mit einem Kuß aufs Ohr oder in den Nacken, wenn er fährt. Ich habe auch schon in Drive-In-Kinos geknutscht (das war vor etwa zehn Jahren, als ich sechzehn war).«

»Wenn wir im Wagen sind und das Autoradio romantische Musik bringt, küssen wir uns, egal, wo wir gerade sind.«

»Ich liebe es, irgendwo in einem geparkten Wagen zu sitzen und zu küssen, aber es ist schwierig, einen Ort zu finden, der sicher ist, an dem man sich gehenlassen kann.«

»Küsse im Auto sind sehr aufregend. Die Möglichkeit, daß uns jemand sehen kann, steigert die Erregung noch.«

»Obwohl ich schon längst erwachsen bin, hat das Küssen im Auto für mich immer noch einen gewissen Kick – vor allem, wenn ich in einer öffentlichen Straße parke. Ich glaube, ich bin so etwas wie ein Exhibitionist!«

Küssen auf Partys

Stellen Sie sich einen jungen Mann und ein junges Mädchen auf einer Party vor: Sie unterhalten sich miteinander, als sie plötzlich entdecken, daß sie allein in einer Ecke stehen und niemand zusieht. Die Spannung zwischen ihnen hat sich schon den ganzen Abend aufgebaut, und jetzt ist der richtige Moment gekommen. Sie küssen sich schnell – ein Kuß, der ihnen wie gestohlen vorkommt, und plötzlich flammt in ihren Herzen etwas auf, so daß sie selbst später noch, als sie wieder auseinandergehen und sich mit anderen Partygästen unterhalten, wegen dieses Kusses miteinander verbunden sind. Ein solches Erlebnis ist durchaus nicht ungewöhnlich; tatsächlich küssen 80 Prozent aller Menschen gern auf Partys. Meist tun sie es jedoch verstohlen, um nicht unangenehm aufzufallen.

FRAUEN:

»Manchmal draußen im Freien, in einem anderen Zimmer, im Bad oder einfach nur in einer Ecke. Ich wünschte, es käme bald wieder dazu!«

»Wenn ich auf Partys küsse, dann meist auf die Wange oder kurz und flüchtig auf den Mund. Wenn ich aber tanze und meinem Freund körperlich nahe bin, die Musik romantisch ist und der Augenblick auch, gebe ich ihm einen langen Kuß, und dabei lasse ich manchmal auch die Zunge spielen.«

»Ich nehme einfach sein Gesicht zwischen die Hände, drehe es zu mir, und küsse, küsse, küsse.«

»Auf Partys küsse ich im Badezimmer, in einem Ankleidezimmer, auf dem Tanzboden, in einem überfüllten Raum, in einer stillen Ecke. Es gibt unzählige Möglichkeiten.«

»Auf Partys küsse ich hinter Küchentüren, in Fluren, auf der Gartenveranda, im Keller oder auch auf der Treppe, wenn es dort dunkel ist.«

»Auf Partys gebe ich meinen Freunden meist einen Begrüßungs- und oft auch einen Abschiedskuß. Ich küsse sie meist auf die Wange und umarme sie dabei auch.«

»Beim Tanzen küsse ich gern aufs Ohr.«

»Kirschen aus Nachbars Garten – und geraubte Küsse – sind die süßesten.«

»Ich mag es, den Männern auf einer Party einen schnellen Gutenachtkuß auf die Lippen zu geben.«

»Man kann manchmal so tun, als wollte man einem Mann etwas ins Ohr flüstern, und ihn dabei ins Ohr küssen – das ist diskret und kann sehr aufregend sein.«

Kuß-Spiele

Für Kuß-Spiele ist man nie zu alt, und hier nur ein paar Klassiker, die Liebende aller Altersstufen erfreuen werden:

- *Das Papageienspiel.* Wenn sich die Schauspieler auf der Leinwand oder auf dem Fernsehschirm küssen, können Sie es Ihnen nachtun.
- *Wer lügt, muß ran.* In einer Runde werden jedem reihum peinliche Fragen gestellt, und wenn die Gruppe feststellt, daß jemand gelogen hat, muß er etwas wagen, etwa einem der Mädchen einen Zungenkuß geben.
- *Die Salzsäule.* Versammeln Sie sich mit einer Gruppe von Freunden im Haus. Einer wird zum Jäger bestimmt, der hinter den anderen herrennen und versuchen muß, die Mädchen zu küssen. Wenn ein Mädchen geküßt wird, muß es wie zur Salzsäule erstarrt stehenbleiben, bis es durch einen weiteren Kuß erlöst wird.
- *Die-Flasche-drehen.* Einer in der Runde dreht eine auf dem Fußboden liegende Flasche. Wenn die Öffnung auf einen An-

gehörigen des anderen Geschlechts zeigt, müssen sich beide vor der ganzen Gruppe küssen. In einem dunklen Raum wird statt mit einer Flasche mit einer Taschenlampe gespielt.

- *Das Postspiel.* Alle Mädchen verlassen den Raum, und in einer Kammer wird eine »Post« eingerichtet, in die sich ein junger Mann begibt. Einer der anderen erzählt einem der Mädchen, sie habe Post bekommen. Sie betritt die Post und wird geküßt. Sie verläßt die Kammer, und das Spiel geht weiter, bis alle Mädchen nacheinander gerufen worden sind.
- *Das Spiel der süßen Küsse.* Lassen Sie Ihre Freundin in die Küche gehen, wo sie etwas Süßes essen oder trinken muß, um dann sofort zurückzukommen und Sie zu küssen. Sie müssen raten, was Ihre Freundin gerade gegessen oder getrunken hat. Mit diesem »süßen« Ratespiel vergeht ein Nachmittag wie im Fluge. Beide können sich bei diesem Spiel auch abwechseln. Wer auch immer das Zimmer verlassen muß, der andere wird die Rückkehr vor Erregung kaum abwarten können.
- *Ein Ratespiel.* Erwähnen Sie beim Küssen einige fremdsprachige oder Slang-Ausdrücke (etwa Knutschen, Knuddeln, Schmatzen oder Fummeln) und fragen Sie Ihren Partner oder Ihre Partnerin, welches Wort am besten dem entspricht, was Sie gerade tun. Geben Sie Ihrer Freundin etwa einen Zungenkuß und fragen: »Ist das Fummeln?« Machen Sie weiter und lassen Sie von neuem raten. Es gibt unendlich viele Möglichkeiten...
- *Das Eisenbahnspiel.* Wenn Sie mit Ihrer Freundin eine Bahnfahrt machen oder in einem Auto unterwegs sind, darf jeder den anderen küssen, der als erster einen Bauernhof entdeckt oder ein rotes Auto (oder sonst etwas, was Sie vorher vereinbart haben).
- *Küssen nach Lehrbuch.* Machen Sie Ihren Freund oder Ihre Freundin zum Studienpartner und arbeiten Sie gemeinsam dieses Buch durch. Wenn Sie wollen, können Sie auch eine Abschlußprüfung abhalten...

Küsse bei gesellschaftlichen und geschäftlichen Anlässen

Begrüßungsküsse bei gesellschaftlichen Anlässen kennen Sie seit frühester Kindheit, denn solche Küsse geben und empfangen Sie etwa bei Familientreffen. Vielen ist jedoch noch nicht bewußt, daß solche Begrüßungsküsse auch im Geschäftsleben allmählich Einzug halten. Als Faustregel gilt: Je größer die Stadt, in der man lebt, um so wahrscheinlicher, daß man sich auch im Geschäftsleben mit einem flüchtigen Kuß begrüßt.

Vorläufig beschränkt sich diese Sitte jedoch noch auf bestimmte Berufsgruppen: Künstler, Werbeleute, Graphiker, Sozialarbeiter und Journalisten etwa werden sich eher zur Begrüßung küssen als Ärzte, Bankangestellte, Buchhalter oder Industriekaufleute. Hier ein paar Hinweise, was man im Geschäftsleben tun und lieber lassen sollte:

ZU EMPFEHLEN:

- Bei einem geschäftlichen Treffen sollten Sie nur dann küssen, wenn es Ihnen nicht unangenehm ist und Sie die betreffende Person gut kennen.
- Bei Geschäftsessen und anderen gesellschaftlichen Anlässen wie etwa Preisverleihungen, Gartenfesten, Kongressen oder Endspielen können Sie andere küssen.
- Berühren Sie nur die Wangen und küssen Sie in die Luft. Wenn eine Frau keinen Lippenstift aufgelegt hat, kann sie auch die Wange küssen.
- Warten Sie ab, bis Ihr Chef Sie als erster küßt.

NICHT ZU EMPFEHLEN:

- Fremde sollten Sie nicht küssen. Ein Kuß bei der ersten Begegnung ist meist unangemessen.
- Küssen Sie nicht in rein geschäftlicher Umgebung, etwa im Büro, vor Gericht, in einer Bank, im Restaurant oder in einem großen Saal.
- Lassen Sie sich nicht von anderen küssen, wenn es Ihnen unangenehm ist. Wenn Sie vermeiden wollen, geküßt zu werden, halten Sie sich Fremde einfach vom Leib, indem Sie ihnen etwa die Hand zum Gruß reichen.

- Küssen Sie nicht direkt auf die Lippen.
- Sie sollten auch keinen Geschäftsfreund küssen, wenn Sie Lippenrot aufgelegt haben; in diesen Fällen sollten Sie einfach nur Wange an Wange legen.
- Betrunkene Geschäftsfreunde auf keinen Fall küssen; sie könnten das als sexuelle Annäherung mißverstehen.

Wie man durch Küsse übertragbare Krankheiten vermeidet

Solche Erkrankungen können Sie sich allein schon dadurch zuziehen, daß Sie jemanden küssen. Dazu gehören Infektionskrankheiten wie die Grippe, Mononukleose (eine gutartige Drüsenerkrankung), jedoch auch ernstere Krankheiten wie etwa Pfeiffersches Drüsenfieber, Syphilis und Herpes. Doch es gibt auch eine gute Nachricht: AIDS gehört nicht dazu; es ist noch kein Fall bekannt geworden, bei dem AIDS durch einen Kuß übertragen worden wäre. Selbst bei HIV-infizierten Personen finden sich im Speichel so wenige Viren, daß Ärzte allgemein der Meinung sind, daß AIDS allein durch Küsse nicht übertragen werden könne. Wenn jedoch zwei Kußpartner Wunden am Mund haben, durch die das HIV-Virus von einem Blutkreislauf direkt in den des anderen gelangen könnte, liegen die Dinge anders. Mit anderen Worten: Es ist höchst unwahrscheinlich, daß man beim Küssen AIDS bekommt.

Mononukleose allerdings wird durch Küsse leicht übertragen. Mononukleose, auch als »Kußkrankheit« bekannt, ist bei Teenagern so etwas wie ein »Reifezeugnis«. Sie prahlen damit, sie könnten nicht zur Schule gehen, weil sie die »Kußkrankheit« hätten. Die Krankheit wird durch Küsse oder durch sonstigen engen Körperkontakt übertragen und findet sich vor allem dort, wo junge Menschen zwischen fünfzehn und fünfundzwanzig auf engem Raum zusammenleben. An Oberschulen und Universitäten kann die Durchseuchung zwischen 300 und 1500 Fälle auf 100000 Studenten betragen. Die meisten Menschen werden mit etwa vierzig Jahren immun gegen die Krankheit. Ganz vermeiden läßt sie sich kaum, es sei denn, Sie verzichteten aufs Küssen. Mein Ratschlag: Küssen Sie niemanden, der akut an Mononukleose erkrankt ist oder sich gerade davon erholt.

Bei anderen Krankheiten, die durch Küsse übertragen werden können – darunter auch Grippe, Herpes, Syphilis und so weiter –, läßt sich bedauerlicherweise ebenfalls nichts Eindeutiges sagen. Einer der bedeutendsten Epidemiologen Neuenglands hat erklärt, der beste Ratschlag, den die Schulmedizin geben könnte, sei folgender: Benutzen Sie Ihren gesunden Menschenverstand – wenn Sie *wissen*, daß jemand an einer ansteckenden Krankheit leidet (wenn man etwa an einem Menschen wunde Lippen sieht oder jemanden übermäßig husten hört), sollte man Küsse auf jeden Fall vermeiden. Mehr läßt sich kaum tun. Und ohne Labortests läßt sich kaum feststellen, ob jemand an einer ansteckenden Krankheit leidet – der Infizierte weiß es oft selbst nicht. Es hat den Anschein, als wäre die medizinische Wissenschaft in dieser Hinsicht nicht weiter als bei der gewöhnlichen Erkältung.

Wie man seine Küsse zärtlicher macht

Eine junge Frau hat einmal beklagt, viele der jungen Männer, die sie küsse, schienen »steife Münder wie aus Holz« zu haben. »Sie müssen üben, wie man die Lippen bewegt«, sagte sie. »Ich weiß nicht, wie ich es sonst beschreiben sollte.« Eine andere Frau sagte: »Manchmal möchte ich den Burschen am liebsten sagen: ›Mach deine Lippen weicher, oder du kriegst keinen Kuß.‹ Man kann die Stimmung eines Menschen daran erkennen, wie weich seine Lippen sind.« Andere Frauen beklagten sich, Männer seien beim Küssen nicht zärtlich genug. Im allgemeinen scheinen Frauen sich weit besser darauf zu verstehen als Männer, wie man beim Mundkontakt einfühlsam auf den Partner eingeht. Frauen besitzen wohl eher die Gabe, sich in einen anderen Menschen hineinzuversetzen. Wie eine junge Frau es einmal ausdrückte: »Man muß *hören*, wie ein Mann einen küßt.« Versuchen Sie es einmal mit den folgenden Ratschlägen, um beim Küssen einfühlsamer zu werden:

- Zwingen Sie sich, beim Küssen passiv zu sein, damit Sie nicht immer die Führung übernehmen.
- Holen Sie tief Luft und entspannen Sie sich.
- Überlassen Sie es Ihrem Partner, neue Kußtechniken einzuführen.

- Bewegen Sie beim Küssen langsam die Lippen.
- Neigen Sie den Kopf sanft von einer Seite zur anderen.
- Versuchen Sie sich vorzustellen, was Ihr Partner fühlt.
- Essen Sie Äpfel. (Das wird Ihnen einiges von Ihrer oralen Aggression nehmen, so daß Sie auch mit sanfteren Küssen zufrieden sind.)
- Üben Sie sanfte Lippen- und Zungenbewegungen an Bonbons und setzen Sie beim Küssen die gleichen Bewegungen ein.

Äußern Sie Ihre Wünsche!

»Jeder sollte seine Bedürfnisse und Wünsche beim Küssen äußern, da dies ein erfüllendes Erlebnis sein kann, das beide Partner stärker aneinander bindet«, wie eine siebenundzwanzigjährige Frau bei unserer Umfrage erklärte.

Eine andere junge Frau sagte: »Nichts fällt mir schwerer, als einen Mann darum zu bitten, anders zu küssen.« Sie wolle ihren Freund gern ein paar diskrete Hinweise geben, damit er besser küsse, aber sie tue es nie, weil sie einfach nicht wisse, wie sie es ihm sagen solle.

Bedauerlicherweise leben wir in einer Gesellschaft, in der man meist nicht dazu ermutigt wird, über sexuelle Dinge zu sprechen. In anderen Kulturen wie etwa bei den Ureinwohnern bestimmter Südseeinseln, zu denen auch die Trobriand-Inseln gehören, spricht man viel offener und zwangloser über Dinge wie das Küssen. Studien aus dem Westen belegen jedoch, daß sowohl Männer als auch Frauen Menschen mögen, die gelegentlich über Sex sprechen. Und wenn Sie dieses Buch gelesen haben, haben Sie viel zu erzählen! Es kann einigen Spaß machen und auch sexy sein, über das Küssen zu sprechen. Und Sie werden überrascht sein, wie schnell das *Sprechen* darüber dazu führen kann, daß man es auch tut. Hier ein paar Vorschläge, wie und wann man über das Küssen sprechen kann:

- Wenn Sie mit Ihrem Partner im Kino gewesen sind, können Sie darüber diskutieren, wie die Schauspieler geküßt haben. Dabei sollten Männer sich darauf konzentrieren, wie die *Schauspielerinnen* geküßt haben. Ihre Freundin wird das als Schmeichelei empfinden.
- Wollen Sie als kenntnisreich und erfahren erscheinen? Wenn

Sie etwa sehen, wie sich andere in der Öffentlichkeit küssen, können Sie deren Technik kommentieren.

- Bei einer Verabredung nutzen Sie jede Gelegenheit, über das Küssen zu sprechen, wenn Sie spüren, daß die Anziehungskraft zwischen Ihnen und Ihrem Partner stärker wird.
- Fragen Sie Ihren Partner nach bestimmten Aspekten des Küssens. Es ist völlig egal, ob Sie die Antworten schon kennen – fragen Sie trotzdem. Das wird Ihren Partner überzeugen, daß es auf seine Meinung ankommt.
- Nach einem Kuß können Sie in allen Einzelheiten mit Ihrem Partner darüber sprechen. Vielleicht fangen Sie damit an, daß Sie die Kußtechnik Ihres Partners loben, was ihm schmeicheln wird. Wenn Ihnen selbst nichts einfällt, können Sie es mit einem der folgenden Sätze versuchen:
  »Ich liebe es, wie du mich küßt.«
  »Deine Unterlippe ist vielleicht süß.«
  »Küß mich noch mal so!«
  »Wo hast du eigentlich gelernt, so fabelhaft zu küssen?«
  »Das ist der tollste Kuß, den ich je bekommen habe.«
- Wenn Sie verabredet sind, können Sie dieses Buch mitnehmen und Ihren Partner bitten, ein oder zwei Küsse aus dieser Enzyklopädie auszuwählen, die Sie dann gemeinsam ausprobieren können.

Der wichtigste Grund, warum man über das Küssen sprechen sollte: Selbst wenn Sie und Ihr Partner in jeder anderen Hinsicht bestens zueinander passen, kann es sein, daß Sie beide verschiedene Ansichten über das Küssen haben. Eine junge Frau erklärte einmal: »Mein Freund mag es nicht, wenn ich ihn ins Ohr küsse; er sagt, es kitzelt zu sehr. Und folglich denkt er, ich mag es auch nicht, aber das stimmt ganz und gar nicht. In Wahrheit macht es mich an!« Solche Klagen sind häufiger, als man denkt – viele Menschen haben, was das Küssen betrifft, bestimmte Vorlieben, von denen ihre Partner nichts wissen. Als ich wissen wollte, ob die Befragten über das Küssen andere Ansichten hätten als ihre Partner, antworteten rund 65 Prozent mit »ja«. Viele Frauen erklärten, sie würden gern öfter küssen, als ihre Partner es wünschten. Wie eine sechsundzwanzigjährige Frau erklärte: »Ich küsse entschieden lieber als mein Mann. Ich wünschte mir, er würde es öfter tun.« Also, nicht vergessen: *Sie sollten immer danach fragen, was Ihr Partner mag* – die Antwort kann total anders ausfallen, als Sie erwarten.

* * *

Jetzt höre ich manche Leser schon ausrufen: »Jetzt haben wir aber genug gelesen!« Oder: »Jetzt brauchen wir das Buch nicht mehr, jetzt kann es losgehen!«

Das kann es tatsächlich. Inzwischen haben Sie nämlich von Hunderten von Menschen gelernt, was ihnen am Küssen gefällt, wie sie es tun und was es für sie bedeutet. Sie wissen jetzt mehr über das Thema als eine ganze Armee von Liebenden. Sie sind bereit! Suchen Sie sich einen Freund oder eine Freundin, eine verwandte Seele, einen Liebling, und dann schürzen Sie die Lippen! Und wenn Ihr Partner oder Ihre Partnerin vor Begeisterung aufstöhnt und eine leidenschaftliche Umarmung unterbricht, um von Ihnen zu erfahren, wo Sie gelernt haben, wie der Gott der Liebe selbst zu küssen, sollten Sie sich zurückhalten und nicht in Triumphgeheul ausbrechen. Lächeln Sie still in sich hinein, zeigen Sie auf dieses Buch und machen Sie sich bereit, die sinnlichen Freuden zu genießen, die auf jeden warten, der die Kunst des Küssens beherrscht.

Ein Hinweis für den Leser und die Leserin

Haben Sie beim Küssen Erfahrungen gemacht, die Sie mit anderen teilen möchten? Gibt es noch weitere Kußformen, die Sie gern beschreiben würden? Wenn das der Fall ist, würde ich gern von Ihnen hören. Denken Sie daran, daß alle Antworten anonym bleiben. Wenn Sie mir schreiben, erklären Sie sich damit einverstanden, daß Ihr Beitrag für künftige Auflagen der *Kunst des Küssens* anonym verwendet werden kann.

Wenn Sie mein nächstes Projekt interessiert – eine Studie über das Verhalten von Männern und Frauen in der Anfangsphase einer Beziehung –, senden Sie mir einen addressierten Freiumschlag, dann erhalten Sie von mir einen Fragebogen. Sämtliche Antworten werden anonym bleiben. *Besten Dank!*

Bitte richten Sie Ihr Schreiben an:

William Cane
P. O. Box 1422
Brookline, MA 02146-0011